转型期公共政策公共性流失及维护研究

基于类型比较分析

Research on the Losses and Maintenance of Publicness in Public Policies during China's Transitional Period

Based on the Comparative Analysis of Four Different Types

杜专家 著

社会科学文献出版社
SOCIAL SCIENCES ACADEMIC PRESS (CHINA)

前　言

公共政策是以公权力为依托而产生的，所以它和公权力一样必须具有公共性，必须以公共利益为根本价值取向。处在转型期的中国，其公共政策的制定和执行过程有着自身的鲜明特色：在由计划经济向社会主义市场经济转型的中国，政策制定和执行过程中的各种矛盾复杂地交织在一起。在原有制度被打破，而新制度却未建立或完善的情况下，形成了很多规则模糊地带。这使得公共政策公共性流失的现象时有发生，甚至某些政策异化为少数部门或个人牟取私利的工具。

随着中国社会转型和社会利益的日益分化，对于公共政策的辩论和研究具有越来越重要的意义。转型期的中国面临着很多社会矛盾，而这些社会矛盾之所以聚集，很重要的原因在于一段时期以来中国在取得了相当成绩的同时，在公共政策的制定和执行过程中有偏差。这些偏差的存在使得有些公共政策的公共性无法得到保障，进而激化了社会矛盾，威胁着社会稳定。

为全面探究中国转型期公共政策公共性流失发生的原因，本书使用类型学研究方法对公共政策公共性流失现象进行了类型划分。从"政策过程"和"动力来源"两个维度，将公共政策公共性流失现象划分为"源头自发类型""源头捕获类型""下游自发类型""下游捕获类型"四个类型。针对每个类型的特点，本书试图通过典型性案例研究方法，为每个类型选取对应案例。对选取的对应四个类型的典型性案例——"邮政专营权"争议、"郭京毅案"、"三网融合"困境、"郑筱萸案"，分别从与公共选择理论相关的政府自利性、政府俘获理论、"碎片化威权"、寻租理论四个视角进行了解读，并在解读过程中发现了现有理论的解释存在不足。之后，本书将社会转型这个动态因素引入对案例发生原因的讨论，从而说明社会转型期价值观念、政治、经济、文化等因素的转型滞后对公共政策公共性流失的影响。

在以上分析的基础上，本书对四个类型及案例进行了多维度的对比，通过对比发现社会转型期因旧制度未消解、新制度未确立而出现的空当为公共政策公共性流失提供了空间。通过比较上述类型及案例，发现防止公共政策公共性的流失要做到：有效制衡制约公权力的自利性；保障民众和社会组织有效参与政策议程；对行政自由裁量权进行必要约束；完善腐败治理体系以防止公权力被俘获。

目　录

第1章　导论 ·· 1

第2章　公共政策公共性流失的理论争议及可能的出路 ············· 25
　2.1　"公共性"的相关理论及争议 ·· 25
　2.2　"公共性流失"的相关理论及争议 ·· 31
　2.3　争议的可能出路：矩阵模型下类型比较分析 ····················· 39

第3章　源头自发类型 ··· 42
　3.1　源头自发类型的特征 ·· 42
　3.2　源头自发类型典型性案例——《邮政法》修订 ················· 43
　3.3　案例分析——政府自利性的视角 ·· 48
　3.4　社会转型期价值观念变化对公共政策"公共性"的影响 ········ 55

第4章　源头捕获类型 ··· 60
　4.1　源头捕获类型的特征 ·· 60
　4.2　源头捕获类型典型性案例——"郭京毅案" ····················· 62
　4.3　案例分析 ·· 65
　4.4　社会转型期利益集团对公共政策公共性的影响 ················· 70

第 5 章　下游自发类型 ……………………………………… 76
5.1　下游自发类型特征 ………………………………………… 76
5.2　下游自发类型典型性案例——"三网融合"困境 ……… 78
5.3　案例分析——碎片化威权主义的视角 …………………… 87
5.4　社会转型期体制变革因素对公共政策"公共性"的影响 … 99

第 6 章　下游捕获类型 ……………………………………… 102
6.1　下游捕获类型特征 ………………………………………… 102
6.2　典型性案例——"郑筱萸案" …………………………… 104
6.3　案例分析 …………………………………………………… 107
6.4　社会转型期传统文化对公共政策公平性的影响 ………… 112

第 7 章　公共政策公共性流失的多维度比较及其启示 …… 117
7.1　公共政策公共性流失的类型比较 ………………………… 117
7.2　社会转型与政策公共性的互为建构 ……………………… 122
7.3　公共政策公共性的维护路径探讨 ………………………… 128
7.4　有待深入的公共政策公共性研究 ………………………… 142

附　录 ………………………………………………………… 144
附录 1　访谈人物一览表 ……………………………………… 144
附录 2　《中华人民共和国邮政法》2009 年版关于快递
　　　　业务的规定 …………………………………………… 146
附录 3　推进三网融合的总体方案 …………………………… 149
附录 4　国务院办公厅关于印发三网融合推广方案的通知 … 158

参考文献 ……………………………………………………… 167

第 1 章 导论

在现代社会，随着政府职能的不断扩张，公共政策正对社会各方面产生越来越重要的影响，并引起了人们越来越多的关注。特别是在中国，强政府发展模式下，政府在与市场、社会的关系中居于支配地位，公共政策也因此发挥着更为重要的作用。公共政策关乎着一个国家是否公平正义，关乎着一个国家的经济社会发展是否高效健康，关乎着一个国家的公民享有多大程度的自由。在实际生活中，每一个人都会受到公共政策的影响：出生、读书、就业、退休，每一步都要和公共政策打交道。

随着中国社会利益的日益分化和社会转型的深入，对公共政策进行研究具有越来越重要的意义。转型期的中国面临着很多社会矛盾，而这些社会矛盾之所以聚集，很重要的一个原因在于一段时期以来中国在取得了相当成绩的同时，在公共政策的制定和执行过程中有偏差。这些偏差的存在使得有些公共政策发生了公共性的流失，进而激化了社会矛盾，使社会稳定面临着潜在威胁。

在导论部分，笔者首先会指出本书所试图回答的问题；其次在提出问题的基础上梳理先前国内外学者的相关研究，并指出研究的可推进之处；再次以研究重点和研究创新为基础，规划本书的研究框架；最后介绍本书的研究方法和篇章安排。

1.1 问题的提出

公共政策之所以在社会生活中能起到重要的作用，比如服务、管控等，是因为公共政策可以对社会资源进行分配，可以调整社会利益关系。公共政策从本质上而言是公共主体对公共资源的权威性分配，即公权力主体为了实现特定目标而选择的政治行为（王春福，2014）。社会利益的分配与公共政策有着紧密的关系，因此随着公共政策的制定或变动，社会利益关系也会发生变化。同时，每个人会在这样的利益调整过程中获得利益或损失利益，并会根据自己利益需求的变化支持或反对某项政策。公共政策上述影响的实现是以公共政策背后的公权力为支撑的，并借此形成了对公共资源分配的权威。

公共政策既然以公权力为依托，则其和公权力一样必须具有公共性，必须以公共利益为根本价值取向。公共利益在公共政策中的实现需要两个基本条件的保障。一是保障民众表达渠道的畅通，使社会中不同的利益群体能够享有同等的表达诉求的权利，特别是保障弱势群体发声的权利。二是要有对诉求的回应机制，能够对社会公众的利益诉求做出反应，积极应答。由此看出，设计好公共政策的运行模式至关重要。在改革开放后的中国，随着市场经济制度的逐步确立，私人经济交换领域随之形成，并在其推动下，促进了国家与社会的分离，社会公共领域也逐渐发展起来。这样就形成了国家、市场、社会并立的格局。这种格局对公共政策产生了深远的影响：多主体的存在要求政府须改变以前单元式的管理而走向多元化的治理。在多元治理模式下，政府、市场、社会之间通过互相博弈来共同决定公共政策的走向。

公共政策有对社会资源进行配置的作用，因此公权力部门可以通过公共政策来实现提供公共产品和公共服务的基本职能。从计划经济向市场经济的转轨，要求公共政策由原来的以管制为主向以提供服务为主转变。处在转型期的中国，原本由政府提供的公共产品随着市场化的推进而面临着收缩的压力。打破政府垄断，形成政府、市场、社会多元供给模式势在必行，这是实现公平和效率统一的必不可少的条件。

处在转型期的中国，公共政策及其运转过程有着自身的鲜明特色。

在一个不断向现代社会转型，同时向市场经济体制转型的中国，新旧社会结构、体制相互牵制，彼此冲突，使得中国社会的各种矛盾复杂地交织在一起。同时，中国社会转型发生的巨大变化，极大地冲击了原来的制度体系。在原有制度被打破，而新制度却未建立或完善的情况下，形成了很多规则模糊地带。在社会转型期的中国，由于制度、体制的不完善，公共政策公共性流失的现象时有发生，甚至某些政策异化为少数人牟取私利的工具。

社会转型期公共政策公共性流失问题的深层次原因是什么？公共选择理论等能否充分解释中国社会转型期出现的公共政策公共性流失问题？本书基于动力来源和公共政策过程两个维度对公共政策公共性流失进行了 2×2 矩阵的类型划分，并结合相关案例，对现有理论进行了探讨，试图从社会转型的视角提出新的解释路径。

1.2 文献回顾

对公共政策公共性流失的研究，海内外学者从不同角度进行了解读。其中，海外学者多从机构腐败、组织腐败的角度对公共政策公共性流失问题进行解读，视公共政策公共性流失为公共机构或组织腐败的后果，也有学者从政策公平性的角度使用"政策歧视"（policy bias）的概念来研究公共政策的公共性流失问题。国内有学者将公共政策公共性流失视为公共政策的公共性偏离，也有少部分学者直接从公共性流失的视角进行解读。

1.2.1 国外相关研究

较早对公共政策进行研究的学者是美国政治学家查尔斯·爱德华·梅里厄姆（Charles Edward Merriam），他将公共政策视为政治理论和现实应用之间的桥梁（Merriam，1922）。哈罗德·拉斯韦尔（Harold Lasswell）和丹尼尔·勒纳（Daniel Lerner）等出版了《政策科学：视野与方法上的新进展》（*The Policy Sciences: Recent Developments in Scope and Method*）一书。这本书主张通过实证研究来探寻政治行为的规则，赋予了公共政策学行为主义的倾向。同时，这本书也将公共政策学研究看作与民主有关的学科，试图将民主与科学融入到对公共政策学的研究当中，使得对于民主化与科学化的追求成为研究公共政策的两条路径（Lasswell et al., 1951）。继哈罗德·拉斯韦尔和丹尼尔·勒纳之后，学者叶海卡·德洛尔（Yehezkel Dror）撰写了《政策科学构想》（*Design for Policy Science*）、《公共政策制定检讨》（*Public Policy Making Reexamined*）等著作，进一步论证了公共政策学的研究对象、性质范围和研究方法（Dror, 1971, 1983）。上述学者为公共行政学成为跨越政治学、心理学、经济学、社会学、管理学等多学科的综合知识体系做出了贡献。

继政治学者之后，经济学家也加入对公共政策的研究队伍之中，特别强调对公共政策具体运作机制的研究。经济学家试图在政策问题研究中使用在经济学研究中非常流行的相关理论和研究方法。经济学家詹姆斯·M. 布坎南（James M. Buchanan）的公共选择理论和道格拉斯·诺斯（Douglass C. North）的制度经济学理论是将经济学原理运用至公共政策分析的代表（詹姆斯·M. 布坎南，1988；道格拉斯·诺斯，1995）。公共政策的科学性因经济学相关理论和有关定量研究方法的应用而得以增强，并且在很长一段时期内，定量分析技术主导了政策分析研究（John, 2018）。经济学所倡导的收益最大化原则和理性选择理论成为公共政策学科领域占统治地位的人性假说。随着理性经济人的人性假设的确立，实证主义研究方法一度占据了统治地位。

但实证主义研究方法因价值中立而导致的民主与科学的分离被一些学者所诟病。实证主义研究方法导致了事实和价值的分离，这种分离使得之前学者所寻求的科学与民主的结合无法在公共政策及其研究中得到体现（Smith and Larimer，2018）。到了20世纪70年代，学者们则更加关注制度分析和对改变社会结构方式的研究。这一时期，后行为主义开始在公共政策领域超越行为主义，逐渐占据上风（Knill and Tosun，2020）。在后行为主义学者看来，现实是多重的、不可分割的，而人们对于现实的认识受到时间、环境和价值的限制。科学主义范式受到了社会科学领域学者的质疑。与此同时，政策的量化分析方法也受到了来自政策研究领域研究者的批评（Cairney，2019）。批评者们认为，对于政策制定而言，其本身的价值更重要，所以公共政策问题并不是单一的数字和技术可以解决的，并认为单纯地用行为主义的方法进行政策分析会抑制公民参与和民主政治的发展（Kraft and Furlong，2019）。在拉斯韦尔开创公共政策学后的60多年里，这个学科虽然取得了长足的发展，但拉斯韦尔所设想的民主和科学完美的结合仍然没有完全实现。公共政策涉及政治学、经济学、社会学、心理学等众多学科。这些学科中有些偏重于定量研究，以政策的科学性为研究重心；而有些学科则偏重于定性研究，侧重探究政策的民主性。不同的学科通过不同的理论和模型对公共政策形成了多方位的解读（王春福，2008）。

对于公共政策公共性流失问题的研究，国外学者中没有直接使用"公共性流失"一词，而是选择诸如"机构性腐败""组织性腐败"等词语来描述"公共性流失"问题。国外学者多是从公共政策制定主体的角度出发研究这一问题的，所以使用了"腐败"这一词语来表达"公共性流失"。在英语中腐败被定义为"immoral"（不道德的）和"dishonest"（不诚实的），而在中文中谈到腐败人们往往会想到受贿、贪污等，两者语境的不同使得中外学者在选择类似研究领域时，使用了不同的词语。哈佛大学政治学教授汤普森在其著作《国会伦理：从个人腐败到机构腐败》（*Ethics in Congress: From Individual to Institutional Corruption*）中较早提出"机构性腐败"这一概念（Thompson，1995）。汤普森认为机构性腐败与一般性腐败行为的不同在于，其所涉及的行为是机构职责所赋予的行为，且这种行为并没有遵循机构实现目标的原则（Thompson，2013）。一方面，机构性腐败较之一般性腐败不容易被发现，因为其所包含的行为常常被误认为是机构工作的一部分。另一方面，机构性腐败较之一般性腐败具有更大的危害性：机构性腐败的产生和运转更具有系统性和长期性。

在汤普森研究的基础上，哈佛大学法学院教授雷席格进一步明确了机构性腐败的含义，他认为机构性腐败像一块磁铁一样，干扰着指南针（比喻：机构目标）的准确指向，并将机构性腐败的定义明确为，"机构性腐败发生在一个合法甚至合理的系统和机构中，其通过转移机构的目标或弱化其实现目标（包括相关目标）的能力，从而削弱了机构的有效性，同时削弱了公众对于机构的信任或者机构内在的可信性"（Lessig，2013）。该定义同时是雷席格教授2010年在萨夫拉（Edmond J. Safra）研究室网站上的官方定义。在明确这个定义的同时，雷席格指出应保持更广泛的关注，使得机构性腐败研究领域能更蓬勃地发展。雷席格的研究使得机构性腐败这个概念得到了充分的扩展：机构性腐败这一概念不仅适用于政府领域，而且也适用于要求负责、透明的其他公共领域或准公共领域。

哈佛大学商学院教授索尔特（Malcolm S. Salter）在《合法却腐败：私营领域的博弈与机构性腐败问题》（Lawful But Corrupt: Gaming and the Problem of Institutional Corruption in the Private Sector）一文中指出机构性腐败这一概念也可以适用于商业领域。索尔特对机构性腐败的定义进行了再阐释：机构性腐败是一种集体同意行为，其所包含的行为可能是合法的，但这些行为会损害公众的利益或削弱机构实现其原本目标的能力。他以"安然事件"为例对机构性腐败进行了说明，并指出机构性腐败所带来的显著后果是公众对管理机构的应有信任被削弱（Salter，2010）。索尔特的创新性贡献在于其指出了机构性腐败"合法但腐败"这一显著特征。萨夫拉研究室的其他研究员将机构性腐败这个概念应用到医药、投资咨询、税务免除等多个研究领域。

与以上学者通过"腐败"的视角来分析公共政策公共性流失不同，部分学者使用了"政策歧视"一词分析公共政策的公共性偏离问题（Gorter and Tsur, 1991）。对于歧视，特别是歧视程度的研究在政治学领域并不鲜见，但明确标注"政策歧视"的研究却不多。不同的研究领域会使用不同的词语来表达政策歧视现象。比如，福利政策是广覆盖还是窄覆盖；税收政策是激进还是消极；等等。上述政策研究都会讨论到政策歧视的程度，即政策有利于一方而不利于另一方的程度。如果政治是哈罗德·拉斯韦尔的名言"利益的分配"（Lasswell et al., 1951），那么政策歧视就是利益偏重于一方而另一方所得相对较少。歧视，因此可以视为对于某种期待价值的偏离，而不一定是其字面所体现出的某种伤害。另外，歧视是对某一集团的优待或对另一集团的伤害，其类似沙特施奈德所论述的"组织是对于偏见的动员"（Schattschneider, 1960）。政治组织从某种程度而言就是希望政策结果能够向有利于它们的方面发展而动员起来的。

政策歧视中的"歧视"是一种价值中立的表达方式，即政策歧视并不意味着歧视性政策是低劣的（Hill and Varone, 2021）。事实上，歧视性政策在某些案例中是一种更优的政策选择。比如，经济理论显示自由贸易比保护主义更优，因为消减关税有利于促进贸易，因此一个国家应采取的政策是降低关税来促进自由贸易。但在现实中，一个国家如果单边地降低关税，会对其国内没有比较竞争优势的产业造成难以承受的压力。所以，一个国家有时采取贸易保护措施，比如较高的关税，反而有利于其自身利益的维护，尽管贸易保护在经典经济理论看来是一种歧视性政策。

政策歧视意味着一方在政策制定权的争夺中取得了优势。如果我们视政策为抽象的一条线并且假定有一个可以平均划分这条线的中点，并且参与政策制定的竞争双方能够站在线的中点，那么利益的平衡会得以实现，政策歧视也就无法产生。但如果政策的平衡点发生了向一方的偏离，政策歧视就会产生。在实践中，参与政策制定的竞争各方所掌握的信息是不全面的，导致很难实现政策的平衡，政策会或多或少地偏向于某一政策参与主体，进而形成政策歧视。对于政策歧视的研究往往聚焦于某一特定政策，但也有些文献是从更开阔的视角对政策歧视进行解读。比如，曼瑟尔·奥尔森（Mancur Olson）在《集体行动的逻辑》和《国家的兴衰》两本著作中都认为要实现集体行动，必须使政策偏向于某个方向（Olson，2008，2009）。这是因为公共物品具有开放性：一个人对公共物品的享用并不能阻碍另一个人也享用公共物品。换言之，即便有的人没有对公共物品的形成做出贡献，但他依然可以享用公共物品，即存在"搭便车"现象。"搭便车"行为使得公共物品的供给不足，因为只有集体行动才能提供公共物品，而"搭便车"行为会阻碍集体行动的形成。"搭便车"行为之所以会阻碍集体行动的形成，是因为每个人都有免费获取公共产品的冲动，他们会认为公共产品理应为自己所享用。奥尔森指出有很多方式可以克服集体行动问题：一个小团体会得到公共产品所提供的大部分好处以至于这个团体愿意承担公共产品形成中所产生的成本，这个团体被称为"优势行动者"；或者一个小团体足够小以至于每个成员都能被有效地监控，使得每个成员被迫做出贡献；或者采取一种选择性激励，即根据对公共物品的贡献来决定成员所能享有公共物品的份额。

  游说被视为一种能够影响政策制定的集体行为。游说集团能够更容易地克服集体行动的问题，因为游说集团是"优势行动者"，其足够小能够被监控并被强迫做出承诺，且能更好地提供选择性刺激，这使得游说集团能够在政策制定过程中更加强势（Blomkamp，2018）。政策歧视研究在比较政治经济学领域也应用广泛，如学者弗兰泽斯就曾指出，政策歧视是跟随着一个政党或选举周期而变动的：当左翼政府执政时，它们被期望于能够制定有利于左翼利益集团的政策；当右翼政府执政时，它们也被冀望于制定有利于右翼利益集团的政策（Franzese，2002）。当选举日期临近时，所有民主制下的政府都试图通过短期的政策歧视而不是长期的规划来赢得选票。类似的情况也出现在经济危机时，政策制定者被寄希望于制定有利于短期经济增长的歧视性政策（Tummers，2019）。这显示出在研究民主国家的政策歧视时要考虑政党轮替、选举周期、经济环境等因素。

对于选举因素对政策歧视的影响，学者利普哈特认为共识民主体制比起票决民主体制会产生更温和的政策（lijphart，1999）。更具体而言，共识民主在一个权力分散的体制下（多党制、联邦制、独立的司法制和其他方式）会比票决民主拥有更好的政策产出，比如更好的少数民族和妇女权益保护政策，更好的环境政策，更少的国内暴利，更多的福利支出，更少的死刑应用，更多的国外援助以及更少的军费支出，因为共识民主显示出对于少数和边缘群体更多的关注。政策歧视是政策分析很重要的研究领域。学者们倾向于通过分析政治体制对于政策产出的影响来探寻政策歧视的产生原因。

1.2.2　国内相关研究

类似于国外学者，也有国内学者从腐败视角对公共政策公共性流失问题进行解读，甚至有学者使用了"制度性腐败"这一与公共政策公共性流失更为类似的概念。"制度性腐败"一词较早出现在青岛市委党校赵立波（1997）教授的《论腐败的类型与根源》一文中。赵立波教授以腐败与社会制度的联系为基本标准，将腐败划分为体制性腐败、制度性腐败与运作性腐败。他认为制度性腐败存在于奴隶社会、封建社会和资本主义社会，是建立在私有制基础上的，本质上是剥削制度的产物，其典型表现是"权力人格化"、"公权私有"和"金钱政治"。并指出由于社会主义已消灭了剥削，所以社会主义初级阶段只存在体制性腐败。运作性腐败则是与社会制度无关的个体性腐败。许建明、刘伟平

（2010）以政权性质为背景讨论了制度性腐败，认为腐败是专权政权的内在产物，对于专权政权及其统治者来说，腐败是必需的。制度性腐败并不只是代理问题，而是制度问题。部分学者则通过历史案例研究验证了制度性腐败与社会制度之间的联系（曹英，2004；黄滨，2007；张国骥，2009）。他们结合历史具体案例指出历史上的封建皇权对底层民众权力的肆意践踏、任意掠夺就是一种制度性腐败的表现。

与以上学者将制度性腐败与社会制度相关联的视角不同，下面提及的学者是从制度的狭义层面展开研究的。① 较早研究制度性腐败这一概念的学者是邵道生。他给出的制度性腐败定义是一些权贵通过结伙的形式来疯狂掠夺社会财富的一种体系内腐败（邵道生，2000）。他认为，"制度性腐败"的显著特点在于腐败分子巧妙地利用了制度中的弊端或漏洞为其腐败服务，因而制度内的腐败不用冒多大的风险。他指出，"制度性腐败"的性质是严重的，它会使政权的性质发生改变，是一种真正的"和平演变"。何增科（2002）则从腐败规模的角度对制度性腐败进行了论述：在转型期，中国不少地区和领域存在着大面积"塌方式"腐败。这说明腐败在转型期的中国并不是一种偶然、个别的现象。这种在公职人员当中广泛存在且程度颇深的腐败被称为体制性腐败或制度性腐败。反腐学者林喆（2012）对制度性腐败的定义是官员将自己的不合理利益预期设计在政策当中，企图打着"以政策办事"的幌子，合法地为自己牟取不当利益。林喆给出的定义创新之处在于她强调的制度性腐败并不仅是利用了制度的弊端或漏洞，还包括主动去构建便于腐败的制度。学者俞可平（2012）指出公职人员的特权是一种制度性的腐败。他举例说，官员在医疗、养老、退休等领域的特殊待遇等都可视为制度性腐败。

针对制度性腐败产生的原因以及如何解决，学者们提出了各自的见

---

① 制度有广义和狭义之分。广义的制度是政治、经济、文化等方面的体系，如社会主义制度等。狭义的制度是一个单位或系统内的行为约束规范，如养老制度等。

解。于俊如（2002）提出制度性腐败是腐败者理性计算成本和收益后的选择，只有通过制度创新改变公职人员的行为激励机制，抑制腐败动机，压缩公共权力的界限才能有效地遏制制度性腐败。尚虎平等（2005）提出运用新的管理理念——"平衡记分卡"作为解决制度性腐败的新途径。雷玉琼和曾萌（2012）从制度设计、变迁和约束三个视角分析了制度性腐败发生的原因，并从这三个视角给出了治理建议。

较早研究政策性腐败问题的大庆市委党校党史党建教研室张连富（2000）认为，从法律的角度来审视腐败，腐败可以分为两类：一类是违法性腐败；一类是政策性腐败。他认为政策性腐败中的政策"是以权力为依托，在车子、房子、票子等方面制定并落实给少数领导干部以较高待遇的政策"。常梦飞（2010）从政策性腐败特点的角度对其进行了定义：政策制定者凭借其自身对公共权力的把控来制定对其自身有利的政策。这种不公平政策的受益者众多，且从表面看并不违法，因此，这些政策的制定者面对他方的质疑，往往表现得理直气壮。他以山西省忻州市政府机关利用国家的限价房政策，将限价房专供市直机关，引发公务员大肆倒卖，从中牟利至少5000多万元为例进行了说明。梁芷铭（2010）指出政策性腐败具有隐蔽性的特点，其主要发生在地方政府制定政策及其公务员执行政策的过程中。对于政策性腐败的治理应着眼于将信息公开制度贯穿于政策裁量、制定、执行、评估等全过程，并建立一整套防范与监控政策性腐败的信息公开体系（赵宬斐、毕雨莹，2021）。

有学者使用公共政策"公共性的偏离"一词来描述公共政策公共性的流失现象（梁新文，2008；付永涛等，2008；田千山，2011）。他们认为中国改革开放的成功有赖于公共政策的创新，并且辉煌的建设成就来自改革初期对公共价值取向之一的效率的强调，但目前中国社会地区差异、城乡差异、贫富差距不小。在指出这些公共性偏离的现象后，这些学者从政治系统运转的各个角度对公共政策公共性偏离问题的出现进行了系统性分析。在政治系统输入方面，公共政策制定者面临着信息失灵的问题（丰存斌、侯杰，2021）。准确真实的信息是决策者做出政策规划或政治决定的重要前提。如果参考信息都是在"数字出官"的不良风气下产生的话，公共性的偏离就很难避免了（孔凡瑜，2018）。再有，政治系统输入端是政府主导的。在此情况下，各利益主体很难有效地参与政策制定过程。还有，中国有些利益群体，在某种程度上是准政府组织（古明明，2014）。它们对于政策制定过程的参与可以被看作政府内部输入的一种延伸。在政治系统运转阶段，政治运转规范的缺乏，如领导人独断专行，会大大增加公共政策公共性偏离问题发生的概率（何情等，2020）。在政治系统输出方面，如果地方政府制定保护不合理垄断性行业的政策，那么会使其公共政策明显地偏离应有的"公共"原则。为理论上解构公共政策"公共性流失"问题，有学者提出"公共性回归"这个概念（曹现强，2007；付翠莲，2009；张雅勤，2011）。他们认为从中国的视角看，由于计划经济体制的影响以及改革开放初期对公共政策效率的强调，政府的全能性并没有退却，而建立一个多元治理的有限政府，需要政府改变观念、转变职能，从管制思维走向治理思维，从强调统治到强调服务。另外还要培育和发展社会组织，使得社会组织在政府失灵和市场失灵的情况下，作为第三种力量能够有效介入公共政策的制定与执行过程当中去（陈秀宁，2021）。公共政策公共性的回归有赖于政府与公民之间信任的建立（杨建国，2020；陈琦，2020）。缺乏公民的参与以及合作，社会治理的目标将难以实现。

较早明确提出"公共性流失"这一概念的学者是徐裕人，但他所论证的"公共性"是"政府公共性"而不是"政策公共性"。徐裕人（2010）指出政府的公共性是政府合法性的基础，其权力的行使必须遵守公民意志。政府一旦无法维护公共利益，其公共性流失就发生了。学者徐庆利（2010）使用"公共政策公共性的缺失"一词对既得利益集团对中国公共政策公共性的削弱进行了论述。学者刘薇（2010）在其论文《公共政策公共性的流失与防治研究》中，从理论层面系统阐释了公共政策公共性的概念内涵、表现，分析了公共性流失的原因，并基于上述分析提出了防治对策。这是目前可追溯的较早地明确提出"公共政策公共性的流失"这一概念的文章。"公共性流失"这个提法较"公共性偏离"或"公共性缺失"的优势在于其突出"量"的变化，即公共性多与少的变化，而后面两个概念是"质"的变化，即公共性有与无的区别（段元元，2018；马子茜，2018）。随着这个概念的出现，学者们尝试通过这一概念来分析具体领域的具体问题，如有学者用这一概念来分析住房保障领域的问题（张婷，2011；彭聪，2011），还有学者使用此概念来论述养老领域的问题（邓沛琦，2011）。可以说这个概念在未来的公共政策研究领域有着较为广泛的应用场景和重要的应用价值。

1.2.3　当前研究评析

目前国内外学者通过多个视角对公共政策公共性流失问题进行了研究。其中，国外学者是从公共政策的制定主体——机构或组织入手的。他们认为机构或组织的腐败会导致原本机构或组织的公共服务职责被利用来"回馈"特定利益团体或个人，而不是服务于大多数选民（Thompson，2013）。国内也有学者从类似角度进行解读，其中部分学者将其视为一种"制度性腐败"。明确使用"公共政策公共性流失"这一概念的学者是晚近才出现的，但并不妨碍用这一概念来分析相关领域公共政策的制定或执行脱离公共利益轨道等问题。对于公共政策公共性流失问题的理论研究部分，学者们大多使用了与分析腐败相同的理论框架，通过公共选择理论、委托代理理论、寻租理论以及地方保护主义、自由裁量权的扩张等角度来解释公共政策公共性流失的原因。这些从不同角度切入对公共政策公共性流失问题的研究，丰富了对该问题的认识,并且相关解释公共性流失问题而产生的理论也在一定程度上有助于研究者更加深入地了解其产生机理。但目前国内外学者的研究都忽视的一个问题是,公共政策公共性的流失是一个动态的过程。

显然,与公共政策公共性流失问题已经广泛存在这一经验现象相比,对于此领域的研究还处于初始阶段,研究的范围和程度还需要扩大、加深,还有大量的研究空白区域有待开发。笔者从以下三个方面对现有研究进行了拓展和深化。

首先,从研究议题的范畴看,之前的研究在研究对象的选择上较为分散,学界对政策公共性流失还缺乏统一的认识。首先对"政策"的认识不一致。狭义上的政策,是指某一共同体内的所有成员都要遵循的行为规则,如养老政策、高考政策、"三公"政策、行政垄断政策等。而广义上的政策是"政党或国家为实现一定历史时期的任务而制定的行动纲领、方针和准则"(孙国华主编,1997)。同时,对于公共性流失的界定,学者们也有着不同的标准:有的学者是以法律为中心,而有的学者则以公共利益为中心。之前的文章还没有对公共政策公共性流失这一概念所可能存在的歧义进行梳理分析。本书的创新点之一正是对公共政策公共性流失这一存在歧义的概念进行标准上的明确,指出其特点,为下一步研究的深入做好基础性准备。

其次,对公共政策公共性流失发生原因的分析不够深入,尤其缺乏对其发生历史背景的研究。现有的研究存在"两极化"的问题。一些研究只侧重于过于理论化的定性描述。而另一部分研究则只就某一领域,比如住房、养老、医疗等的公共政策公共性流失问题进行研究。过于宏观或过于微观都很难有助于对此问题的认识和原因的追溯。本书拟从动力来源和流失阶段两个维度将公共政策公共性流失现象划分为四个类型,并根据每个类型的特点提出具体案例,再结合理论对案例展开论述。

最后,在研究方法上,此前研究者主要采用的是定性研究方法,而且主要以案例研究的形式展开。由于公共政策公共性流失的案例涉及众多的情景与细节，所以需要借助深度访谈和定量统计等来增强论证的力度。由于公共政策公共性流失具有一定的隐蔽性，本书所做的研究也借助了之前学者、媒体对相关案例的争论与报道。

1.3 研究框架

1.3.1 分析策略和研究创新

本书的总体假设是社会转型导致公共政策公共性流失。支撑总假设的子假设是价值观念的变化、特殊利益集团、体制变革和传统文化四个因素会影响公共政策的公共性。

本书以公共选择理论为核心理论，并从公共选择理论的不同视角对四个类型中的案例进行分析。针对分析中出现的理论解释不足问题，本书进一步探究了意识形态因素——价值观念、经济环境因素——特殊利益集团、政治环境因素——体制变革、文化环境因素——传统文化对政策过程和公共政策公共性的影响。

在分析框架上，为了更好地展示在社会转型大背景下计划经济时代的政企合一向市场经济时期的政企分离方向的变革，本书将试图影响政策过程的力量分为公权力内部主体和公权力外部主体两部分。同时，为了更好地探究公共政策公共性流失过程中可能发生的隐性腐败与显性腐败现象，本书将政策过程聚焦于政策制定和政策执行两个阶段。基于以上两个维度，本书将公共政策公共性流失的类型划分为"源头自发类型""源头捕获类型""下游自发类型""下游捕获类型"。

在对"源头自发类型"的分析中，本书从公共选择理论的政府"自利性"（self-interested）视角对"邮政专营权"这一典型案例进行了分析。公共选择理论家认为，经济学中的经济人假设同样适用于政治分析，政府及其官员在政治领域的行为同样受利己动机的支配，并且政治领域也存在着类似经济市场的政治市场。在政治市场中，政府制定公共政策也遵循"效用最大化"（utilities maximization）原则。如果没有有效的权力制衡和充分监督，政府会将自己的利益在公共政策中实现最大化，进而潜在地威胁到公共利益。但应看到，转型期是价值观念从一元逐步走向多元的过程。在这个过程中，不同的政策主体可能会对"公共利益"产生不同的解读，甚至政策主体和政策客体对什么是"公共利益"产生解读的分歧。然而这种"分歧"的背后或许隐含着政策活动某一方牟取私利的企图。

与"源头自发类型"一样发生在政策制定阶段的公共性流失类型是"源头捕获类型"。本书从公共选择理论中"政府捕获"的视角解读了商务部原条约法律司巡视员通过政策制定来为行贿他的企业牟取不当利益的"郭京毅案"。"政府捕获"常发生在政府规制领域，其是产业组织理论所关注的重要问题。先前的观点曾认为政府规制有利于公共利益的最大化。然而，现实政府规制活动中所出现的问题使这一观点越来越缺乏支撑。规制经济学的重要开创性学者施蒂格勒（George J. Stigler）在公共选择理论基础上指出，被规制者会通过金钱收买等手段，俘获拥有规制权的政府（Stigler，1971）。通过"政府捕获"，被规制者会获得产业壁垒或差别补贴等一系列对自身有利但有损公平竞争原则的政府保护措施。

上述两个类型都发生在政策制定阶段。政策执行阶段，公共政策的公共性也可能发生流失。"下游自发类型"就是发生在政策执行阶段，且政策过程的发起者来自公权力内部的类型。本书从公共选择理论的"集体行动"视角对"三网融合"困境进行了解读。公共选择理论代表学者之一奥尔森（Mancur Olson）在其著作《集体行动的逻辑》中指出集体的共同利益是集体行动的动力与目标（Olson，2019）。而在"三网融合"案例中尽管相关部门都有着共同的目标——服务民众，但这些部门在"三网融合"中的各种不合作，显露出本部门的利益最大化才是它们所首先考虑的问题。那么上述现象产生的原因是什么？本书对中国转型期的体制变革进行了分析，指出政治体制变革相对于经济体制变革的滞后，是产生部门利益最大化现象不可忽视的原因。

"下游捕获类型"也发生在政策执行阶段，与"下游自发类型"所不同的是，这一类型的政策过程发起者来自公权力外部。本书从公共选择理论的"寻租"视角对"郑筱萸案"进行了分析。公共选择理论大师塔罗克（Gordon Tullock）较早地提出了寻租（rent seeking）这一概念并对其进行了深入的探讨（Tullock，2001）。"租"的原本含义专指地租，塔罗克将这一概念进行了拓展，将所有可以使用的资源纳入"租"的范畴，并将要素使用者多支付给所有者的报酬称为"经济租"。经济租产生的重要原因在于要素所有者垄断了该要素，这就使得使用者不得不支付超额租金。因此，经济租的根源在于垄断，而垄断所产生的超额租金会导致社会整体福利的下降。在"郑筱萸案"中，制药企业为获得时任国家食品药品监督管理局局长郑筱萸所掌控的药品审批权和一系列资质认证权支付了很多超额租金，并且这些租金多是通过郑筱萸妻子和儿子之手交付的。郑筱萸妻子和儿子在利益冲突领域中，从事着看似合法的经济活动，但权力的荫庇才是他们能够从事这些相关经营活动的最大资本。本书从文化的角度指出，"一人得道，鸡犬升天"等传统文化的影响使得这种利益冲突现象在寻租活动中常常扮演着重要的角色。

基于以上分析策略，本书试图在以下两个方面实现研究创新。

（1）对公共政策公共性流失进行了类型学分类。回顾以前学者的研究，并没有进行类似的分类或总结。之所以这样分类，一个重要目的是便于实现对公共政策的总体性研究。同时，这样分类有助于通过对各个类型的具体研究来发现公共政策公共性流失的具体形式，也有助于通过各类型之间的对比来探寻公共政策公共性流失发生的深层次原因。这个分类是以前学者所不曾关注的，过去的学者多是将分类界定在政策制定和政策执行两个维度，而忽视了对试图影响公共政策的制定或执行来实现自己不当得利的动力来源主体的关注。本书对动力来源主体的区分为这一研究领域增添了新的维度。

（2）将社会转型这个因素，纳入到对公共政策公共性流失的原因分析当中，并指出社会转型是在价值观念、政治、经济、文化等方面的全面并且深刻的转型。在这种大的历史转折期，一些公共政策公共性流失问题的产生是发展中的问题，并不是一成不变的。这在一定程度上弥补了以前对此问题的分析只借助于经典理论，而忽视了背景研究的遗憾。同时，社会转型这个因素的纳入也将公共政策公共性流失问题与转型陷阱问题联系起来。这将有助于本研究的扩展和深入。

1.3.2 主要概念界定

本书使用的主要概念有"社会转型""公共政策"等，下面就对这些概念做逐一的界定。

社会转型（Social Transition）。"社会转型"这一概念来源于社会学，指社会形态从一种形式向另一种形式的转变（徐彦山，2008）。这种形态转换是建立在传统社会和现代社会的类型划分之上的。德国学者马克斯·韦伯将社会划分为传统社会和现代社会（马克斯·韦伯，1986）。"传统社会"是一种基于自然经济的孤立社会，在政治上常体现为官僚威权，而"现代社会"则是基于市场经济的紧密联系的社会，在政治上则多表现为多元民主（刘祖云主编，2005）。

纵观世界历史进程，自工业革命以来，源于西方的民主与市场制度不断地向世界各地拓展，并不断与各大文明发生碰撞与交融。从20世纪70年代中期开始，位于欧洲南部的西班牙、葡萄牙及希腊等国家相继发生了从军人独裁政权向现代民主法治国家的政治转变；80年代，与南部欧洲有着密切传统关系的拉美各国相继发生类似的变动；其后，东亚地区也出现从强人政治向选举民主制度和开放式市场经济体制的演进。到 80 年代末 90 年代初，东欧地区首先发生政治剧变。1991 年底，曾经的超级大国苏联在若干年摇摇摆摆的改革之后瞬间解体。上述制度变迁与社会转型进程究竟是偶然的相似，还是确实有着某种深刻的内在联系，尚需做深入的认真研究，但是几乎可以确认的一个事实是，当今世界的制度变迁和社会转型正在以前所未有的深度和广度发生着变革。

就国内社会而言，中国正经历着以计划经济体制向市场经济体制过渡为主要表现形式的社会转型。社会转型的动力来自全球化所带来的经济竞争压力和思想冲击，也来自人们要求改善物质生活与精神生活的诉求（张超，2013）。因此，社会转型的过程是生产和生活方式的转型，也是价值理念的转型。社会转型成功与否关系到一个国家或民族在全球竞争日益激烈的背景下，能否通过有效的知识创新来赢得竞争的相对优势。转型社会中的各个阶层与利益集团很难同时在这一历史进程中获得满足（Nathan，2015）。在社会转型期，社会利益关系前所未有的复杂化，造成一些社会矛盾和冲突。在中国由再分配经济向市场经济的转型过程中，存在着经济成分的二元结构，或者用国内学者常使用的词来说，就是"双轨制"。再分配经济或者说计划经济作为曾经中国社会的主体经济形式，现在依然占有重要位置。随着市场经济的被认可和发展，私有经济的成分在增加，但应看到，通过与行政权力相联系的关系网络来获取稀缺资源仍是重要的（Nathan，2016）。人们可以通过掌控或贿赂行政权力来获得竞争优势。比如，可以容易地从银行获得贷款，在投标中中标得到特殊市场的准入权，获得好的工作机会，更容易升迁，或在法律诉讼中获胜等。

以 1978 年召开的中国共产党十一届三中全会为开启标志的改革开放，加速了中国现代化进程的步伐。在以市场经济建设为基本改革动力的推动下，社会转型的步伐在加快。经过几十年的发展，中国社会的各领域，包括政治、经济、文化都发生了形态上的巨大转变（杜专家、倪咸林，2015）。社会转型所要达到的现代化目标，不仅包括经济的富足，而且包括政治与文化的进步。

社会转型研究作为一个新兴的研究领域，吸引了来自社会学、经济学、政治学以及历史学等诸多学科的关注。但这些学科之间基本的对话平台因它们之间研究主题、方法和视角的不同而难以建立。因此，从理论的源头对其研究脉络进行梳理十分必要。社会转型研究有着极其丰富的学术研究传统。发迹于西欧的现代化，标志着社会转型的开启。西方学界以西方社会作为参照系，用"先发自致"与"后发外生"两种类型来归纳所有的国家，并形成了诸如现代化理论、世界体系论、依附理论、全球化理论以及社会转型理论等多种理论。

在英语中 policy 一词的含义是"一个或一组行动者为解决一个问题或相关事务所采取的相对稳定的、有目的的一系列行动"（乔治·安德森，2009）。可见英语中政策一词的主体既可以是公共机构也可以是个人。所以，在英语语境中讨论公共相关问题时，policy 前面往往冠以 public，即 public policy，对应的中文就是公共政策。但在中文里，政策的"政"字即公共的意思。因此，在本书中政策性腐败一词中的"政策"指的就是 public policy，但在下面的论述中为强调政策的公共性，也会使用到"公共政策"一词。

下面，笔者将从政策的主体、政策的内容以及政策的本质三个方面对政策进行全方位的阐释。

由于对政策的理解差异，中外学者对政策主体的界定并不相同：国内学者多认为政策主体是政党或国家权力机关，而西方学者则倾向于认为政策的主体可以是政府、团体甚至是个人。至于公共政策的主体，中外学者的认识具有较高的一致性。公共政策的制定与实施主体必然包括公权力机构，广义上囊括立法、行政、司法三个部门，因为这些部门能够以国家的名义行使公共权力。此外，在中国，由于共产党是宪法规定的执政党，所以政党可以被视为公共政策的主体。

政策内容方面，公共管理学创始人之一的伍德罗·威尔逊（Woodrow Wilson）认为公共政策是由立法部门制定并由行政部门执行的法律和法规（Wilson et al.，1966）。他不仅把一般性政策定义为"公共政策"，而且将法律也视为公共政策。显然，政策内容的具体形式是多样的。

政策性质方面，公共政策本质上是对利益的分配，其能够得以制定和执行，至少说明各利益相关方就某个问题达成了一致，尽管有些"一致"可能不是出于自愿，而是被强迫的（张扬，2005；李玲玲、梁疏影，2018）。利益的博弈与权力的博弈往往交织在一起。在民主国家，权力来自人民的授权，因此在利益的博弈过程中，民众的诉求能够被倾听。而在专制国家，由于统治者的权力并不依赖民众的认可，因此他们可以视政策为维护自己利益的工具。

公共政策按照政治体制的不同可以分为西方国家三权分立体制下的公共政策和中国议行合一体制下的公共政策（谢明编著，2014）。前者包括国会立法、总统决策、行政决策、司法决策。后者包括中国共产党的政策、人民代表大会的立法、国家行政机关的决策（张红凤主编，2013）。

1.4 研究方法与篇章结构

1.4.1 研究方法

为突破以前对于公共政策公共性流失问题的研究太过于理论化或聚焦于某一案例的局限，本书采用了较为多元的研究方法。在研究基本范式上，本书使用了实证研究方法，对假设通过案例进行了实证检验。在具体研究策略上，本书综合使用了定性分析和定量分析研究方法。

本书的主要研究技术之一是文本分析。根据对于公共政策公共性流失类型的分类选定对应的典型性案例，并围绕案例本书进行了全面的资料搜集和查找。这些资料的选取范围包括研究机构的白皮书、新闻媒体的报道、国内外学者的论著等，大体可分为资料性文献和研究性文献。在对资料性文献进行回顾整理的时候，发现这些文献多是集中于案例某一点的深入探讨，而缺乏对于案例总体性的描述。对此，笔者选择查阅与案例相关的调查报告、新闻报道等，力图全面还原案例。特别需要指出的是，一些新闻报道主要基于对研究案例的相关学者的群体访谈或辩论，这种类型的新闻报道为笔者对于案例认识的深入具有很大的帮助。

本书对典型性案例中可进入的部分，对相关人员进行了访谈。访谈对象涵盖案例内部相关人员以及关注和研究案例的相关学者。特别是对三网融合案例中的从业者和消费者进行了深度访谈。一些访谈在征得访谈对象的同意后进行了录音，还有一些访谈鉴于被访谈对象的要求而只采取了现场记录，然后整理的方法。出于对访谈对象个人信息安全的考虑，本书对访谈对象的姓名及其他信息进行了一些技术处理。

本书亦采用了比较研究方法，通过对比现有理论框架下的对于典型性案例的解释与引入"转型期"这个变量后的解释的不同，试图找出原有解释理论的局限，并阐释"转型期"是如何有助于理解典型性案例发生机制的。在对比的过程中，阐释与再分析的结合会运用到对具体类型案例的分析当中，即当现有理论不足以阐释案例发生原因时，会引入新的变量进行再分析，从而对比引入变量之前和之后的解释说服力。

综上，本书对于公共政策公共性流失问题研究方法的选择是基于提高研究可用资料的丰富性和研究论证的可行性之上的。笔者希望通过这种混合的研究方法能综合全面认知公共政策公共性流失问题，并能对其产生机理有深入认识。

1.4.2 篇章结构

基于前面陈述的论证规划，本书由七部分组成。本章为第一部分，回答了以下几个方面的问题：一是为什么要研究公共政策公共性流失问题；二是提出本书的核心问题，即中国转型期公共政策公共性流失产生的深层次原因是什么；三是回顾之前学者在此领域所做的研究，指出目前的研究现状和可以推进的地方；四是本书的研究框架，包括分析策略和研究创新。

第2章对"公共性"和"公共性流失"相关理论及其争议进行了梳理和总结。在此基础上，指出目前理论争议的可能性出路是矩阵模型下的类型比较分析。通过类型比较分析可以看出不同的政策参与者在政策过程中所发挥的作用。同时，可以从公共政策环境和公共政策本身两个视角深入地探究公共政策公共性流失发生的原因。

第3章将政策制定阶段的公共政策公共性流失问题作为研究对象，并限定公权力内部主体为动力来源的情况。本章选取的案例是国家新邮政法制定过程中"邮政专营"争论事件。首先透过政府自利性这个维度来解释案例，并在解释的过程中指出现有理论的不足。之后，将"社会转型"这个变量纳入到对案例发生原因的解释中去，分析社会转型所引起的价值观念的变化对于"政府自利性"解释效力的影响。

第4章对以公权力外部主体作为动力来源的政策制定阶段公共性流失问题展开分析。本章选择的案例是"郭京毅案"：商务部原条约法律司巡视员郭京毅利用掌握的修改、解释商务法律法规的权力，隐蔽地按照行贿者所提出的需求设计制度。本章首先从利益集团理论的视角对案例进行分析。按照多元主义的观点，利益集团之间的博弈会达到某种平衡，但在这个案例中为什么行贿的企业没有被其他利益集团有效制衡呢？本章将从社会转型的角度分析转型期利益集团无法有效相互制衡的原因。

第5章对政策执行过程中公权力内部出现问题而引起公共性流失的类型进行解读分析。本章以"三网融合过程中工信部门和广电部门主导权之争"为案例，以"碎片化威权主义"为理论基础来解释政策执行过程中部门利益是如何侵犯公共利益的。在对原因深入追寻的过程中，本章从社会转型的视角分析社会转型期有哪些结构性矛盾导致了公共利益被部门利益所超越。

第6章讨论政策执行过程中由公权力外部的因素所引起的政策公共性流失问题。本章选择的案例是原国家食品药品监督管理局局长郑筱萸贪腐问题的"郑筱萸案",通过寻租理论的视角分析政策执行过程中的被收买现象,并从社会转型理论中文化转型的视角分析这个案例中所出现的"利益冲突"问题。

第7章是讨论和总结。本章对四个类型及案例进行了多维度的对比。之后,本章对社会转型与公共政策之间的关系进行了梳理总结。最后,本章从政策制定和政策执行两个方面,对公共政策公共性的维护提出了治理建议,并阐明了对公共政策公共性的研究对于中国跨越转型陷阱所具有的意义。

第 2 章 公共政策公共性流失的理论争议及可能的出路

想要洞察中国转型期公共政策公共性流失发生的原因，首先要对当前学界围绕公共政策公共性流失所展开的理论论述进行梳理和总结。这是因为公共政策公共性流失作为很长时间以来广泛存在的问题，并不是转型期的中国所特有的，其作为一种政治现象已经引起了学界有关学者的关注和研究。相关学者之前的研究进路和理论分析为研究中国转型期的公共政策公共性流失问题提供了参考和借鉴。本章将集中讨论既有的理论，并在梳理文献的基础上，做出类型学的概括；然后结合本书的写作规划探讨公共政策公共性流失理论相关争议及可能的出路。

2.1 "公共性"的相关理论及争议

在论述"公共性"相关理论之前，有必要从概念史的角度阐述公共性问题的由来。"公共性"概念不断演进的过程也是"公共性"理论不断发展的过程。在这个过程中，学者们围绕"公共性"的内涵及界定等问题展开了争论。

2.1.1 "公共性"概念历史溯源

对于公共性问题的探讨，西方学界是从对人的属性的讨论引发的。古希腊哲学家芝诺认为，仅仅被肉欲所驱动的人，不符合宇宙的本性，人之所以为人，是因为其有德性。斯多葛派也有类似的观点，他们认为理性为最高的善，拥有理性的人才幸福（贾英健，2009）。苏格拉底提出"美德即知识"，他认为知识是实现品德提升的重要条件，并且知识的获取并非完全是别人直接传授的，而是在他人的启发下自己领悟的（柏拉图，2002）。柏拉图对苏格拉底的观点有一些修正，他指出欲望、理性以及意志都是人的构成要素，三者之间能否形成一种平衡关乎着人的行为是趋善还是趋恶（柏拉图，2002）。亚里士多德认同欲望和理性为人所有，但他提出人的善恶问题既不是完全的理性禁欲，也不是放纵欲望，适度是人为之善的特征。在现实生活中，美德表现为对于欲望的把控，表现为对于义务和责任的承诺（亚里士多德，2003）。基督教哲学是以人性本恶为论述出发点的，其认为人性本恶，而上帝是最大的善，人只有追随上帝才能趋善。在霍布斯看来，人类的自私中有一种追求长远的自私，即暂时放下个人利益以追求长远利益，因而会有君臣、父子、夫妇、朋友之义（霍布斯，1985）。英国伦理学家莎夫茨伯利（Anthony Shaftesbury）则认为虽然人有自私的心，但人也能从利他行为中得到快乐，在追求共同利益的过程中，也能获得心灵满足，即"有了天然情感就有了自我享受的主要手段和能力，此乃人生的最高收获和幸福"（周辅成编，1966）。亚当·斯密也有类似的观点，人既有自爱心也有博爱心，并且人类社会中存在一致的价值评价使得彼此的努力能够实现交换（亚当·斯密，1997）。亚当·斯密的思想被功利主义学者休谟、边沁等继承，他们认为追求享乐构成人性的最终目的。

但在哈贝马斯那里，"公共性"的起源问题被归结为公与私的分野。他认为公共性是一种在社会公私二元对立基础上产生的概念（任剑涛，2011）。在古希腊、古罗马，官与民的界限分明，并没有中间地带的产生，那个时期尽管存在着公共交往，但没有形成真正的公共领域。在中世纪，公私不分，就更不存在公共领域或公共性。直到近代才发展出了公共领域，才有了公共性（王乐夫、陈干全，2003）。

在这一思路上努力的其他学者也认为公共性问题之所以会产生，一方面是因为地球是人类共同的栖息地，是人类共处的中介。另一方面是人类个体之间能力和需求方面的差异，要求人类选择以合作的方式来获取自身所需要的资源（王维国等，2008）。人类面临着自身所需资源的稀缺，需要在合作与斗争中生存。因此，公和私作为人类活动的两个方面一直存在，并随着人类进入工业社会后，逐渐变成人们所关注的一个重要问题。人类社会从农业社会逐渐发展到工业社会，从专制时代进入民主时代的过程中，公与私的分化越来越明显（王明杰等，2021）。在农业社会相当长的一段时期内，"普天之下，莫非王土"，统治者将国家视作自己的家产，国家的存在是为统治者服务的，因此人们的活动公私界限并不清晰，并不存在真正意义上的公共部门。而在人类进入工业社会后，政府管理公共事务的范围和职能日益增加，这使得公共领域活动和私人领域活动逐渐分离，两者的分界日益明晰。虽然公共活动在不同的时代内容和形式不同，但其所追求的价值目标一直是公共性。

2.1.2　关于公共性内涵问题的理解

在以上对公共性概念进行历史溯源的基础上，许多学者还深入探讨了公共性的内涵问题。对公共性内涵问题的透视存在着不同的维度。梳理目前学界对于公共性内涵问题的论述，可以总结出以下至少三种理解维度。

第一种理解维度是通过公共性的特点来透视公共性的内涵。首先，公共性有着"公开性"的特点。公共性是与私人性相对的一个概念，其强调的是表象。公共性事物不是仅仅只有某个人能观察、能评论的事物，而是每个人都可以体验，参与讨论并做出评价的事物。在公共性领域中，一切事物不应被遮蔽在阴影里，应该曝光在公众视野里，只有这样才能体现其公共性（王明杰等，2021）。其次，公共性包含着"复数性"。公共性并不是为某种单独存在的事物而设定的，因此其包容着不同的事物，以及这些事物之间所存在的差异性。在公共领域中，人与人之间存在着不同，这种不同会使某个人和其他人区分开来，并从他自身的角度来谈论事物，但这种不同不是他与别人进行交流的绝对障碍。换言之，人与人的差异性中包含着同一性，这是公共性产生的重要基础。另外，"复数性"并不仅仅意味着数量，如果每个人只是在拷贝他人的观点，即使数量再多，也无有效的公共性。最后，公共性中具有"共同性"。正如地球是我们人类最大的"中介"一样，公共性事物也起着"中介"作用，而这种"中介"作用的产生基础是"共同性"事物的存在。"共同性"事物像桌子一样将人们聚拢起来，吸引着人们以合作的方式参与到与每个人都相关的事物中来（涂文娟，2009）。

第二种理解维度是透过公共性的实现条件来解读公共性。有学者从以下三个方面对公共性进行了阐发。一是公共性的前提是公共理性。公共理性是参与公共活动的人们所应具有的理性思考能力。公共理性是民主机制能够有效运转的重要基础，对于公共性的形成和维护具有重要意义。二是公共性能够实现的保障是公共权力。作为公共意志的体现，公共权力是公共利益能够实现的重要保障。确保公共权力在运行过程中不会被滥用对于公共性的实现具有重要意义。三是公共性的本质是公共利益。"公共性"是实现公共利益的制度工具。所有的公共性建设都是以公共利益的实现及维护作为导向和依据的。公共利益是公共性赖以存在的根本，是判断公共性的重要标准（周五香，2013）。

第三种理解维度是通过解读具体公共性事物的构成要件来阐释公共性内涵的。学者莫勇波（2013）从四个维度对公共政策中的公共性含义进行了论述。一是主体维度，即公共政策主体具有公共性。各种公权力组织以及公共组织是公共政策的主体。之所以将它们称为主体是因为它们区别于私人及私人组织，有着公共性特点。公权力组织以及公共组织应代表一定范围内的最大多数人的利益，因为它们的产生是基于个人权力的让渡。还有，公共政策的实施需要多元治理的参与。除了传统认识上的公权力组织外，社会群体和个人都是公共政策实施的参与者，这也体现了公共政策主体的公共性。二是过程维度，即公共政策实施过程中贯穿着公共性。公共政策的实施依赖于公共权力，而公共权力的来源正是公众让渡权力的结果。在公共政策实施的过程中公众的参与和监督是越来越被重视的。三是客体维度，即公共政策对象的公共性。公共政策被提出的逻辑起点是有公共问题需要解决，而公共问题并不是某个个人或团体的事，而是一定范围内大多数民众的事。四是目标维度，即公共政策所追求的价值理念须具有公共性。相较于市场机制单纯地追求效率，公共政策对于社会公平、正义的追求一定程度上弥补了市场机制的不足。公共政策关系到众多民众的公共利益，它的产生是民众选择的结果，因此公共政策不应该成为某些个人或团体牟取私利的工具。对于公共利益的维护是一切公共政策的出发点和落脚点。

上述有关公共性内容的论证，实际上揭示了公共性之于现代社会和人类公共生活的重要性。"禁止公共性，也就阻止了人类更好的脚步"，康德这句被哈贝马斯（1999）在其所著的《公共领域的结构转型》一书中所引用的话，很好地阐释了公共性的重要性。

2.1.3 公共性界定的争议分歧

在上述对"公共性"界定的讨论中又牵涉到另一个重要的概念就是"公共利益"。公共利益是公共政策的根本价值这一论断在学术界已经达成基本共识，但如何界定公共利益仍是具有争议的问题。对于公共利益的定义存在着多种说法，根据学者余少祥（2010）的观点，存在着五种主流学说：公民全体利益说、私人利益总和说、大多数人利益说、目的性价值说、不存在说。本书认为可以据此将对公共利益的看法简约地归纳为三类，即公共利益不存在、公共利益存在且可实现、公共利益存在但只是一种目的性价值。

首先，公共利益不存在说所对应的情况是在社会转型期的中国，很难去界定公共利益。由于市场经济使个人利益和群体利益得到了较为充分的释放，中国的利益谱系构成变得复杂起来：个人利益、群体利益、社会利益、国家利益彼此混杂、冲突，同时也存在着地区利益和全局利益、短期利益和长期利益、预期利益和现实利益的矛盾和冲突。中国出现了利益来源多样化、利益主体多元化、利益表达公开化、利益关系复杂化和利益差别扩大化的局面。在这种背景下去界定公共利益显然在技术上讲很复杂，从成本上算也是高昂的（肖顺武，2010）。在社会转型期，并不是每一种利益都能够得到有效的保护，因为在多数情况下，虽然公共利益关系着大多数人的利益，但由于"搭便车"心理和现象的存在，多数人很少去关心公共利益。

其次，公共利益存在并可以实现的情况是公共利益是大多数人的利益。这样界定的公共利益可以通过投票等形式进行确认，即公共利益的提出是民主过程的结果。这样公共利益就具有一定的客观性：必须满足和推动绝大多数人的生存和发展，即"最大多数人的最大幸福"。公共利益不应该被强势利益集团所界定，而应该是最大多数人利益的汇集。在公共利益的形成过程中，为防止政府行为导致利益无法被最大多数人所共享的情况出现，所有的利益相关人都应享有充分自由地表达自己利益诉求的权利，并且公平、公开和公正的原则应该贯彻整个过程的始终（吴高盛主编，2009）。当公共利益被独裁者或寡头以国家的名义垄断时，公共性就会从国家中流失。

最后，持公共利益存在目的性价值的观点认为，公共利益具有抽象性，是一种价值判断，正如正义、真理、公平一样。公共利益的抽象性，也决定了它具有很高的可塑性。这意味着掌握了话语权的机构或个人可以通过宣扬自己所认可的公共利益来赢得更多人的赞同，进而实现对公共利益的塑造。在操作层面如何形成公共利益是很难的：公共利益可以被简单地视为利益的交集，但如何把所有的个体利益都集合在一起是个难题。公共利益作为一种目的性价值，其存在的意义很大程度上在于唤起民众对宣扬公共价值的机构或个人的支持。

以上对公共利益的三种看法是目前学界对于公共利益界定某种程度上的总结。本书所论述的公共性是以公共利益为基础的,因此有必要在此对本书中公共利益的内涵和外延做出说明,特别是与国家利益的关系。有学者认为公共利益的核心内涵是私人利益的总和(张千帆,2005),其外延包括国家利益与社会利益。国家利益侧重于统治阶级的利益,特别是其政治利益,主要是安全利益、军事利益、外交利益还有意识形态利益等,其落脚点是维护统治阶级的统治。而社会利益则侧重于强调总体福利,特别是经济利益。鉴于政治利益中的安全利益、军事利益等难以在案例中具体界定,因此本书对于公共利益的分析多是以社会利益为视角的。再有,本书在案例选择时,着重于选择处于消费端的案例。这些案例对公共利益的损害表现明显,有利于实现本书对于中国转型期公共政策公共性流失发生原因的论证。

2.2 "公共性流失"的相关理论及争议

"公共性流失"是在"公共性"基础上衍生出的一个概念。这使得对于"公共性"有关问题的争议,在"公共性流失"的界说问题,以及"公共性流失"解释问题上也有所体现。

2.2.1 "公共性流失"的界说

较早关注"公共性流失"问题的学者是汉娜·阿伦特(Hannah Arendt),她在其著作《人类境况》(*The Human Condition*)中使用了"公共性的衰微"这一概念来解释极权主义的产生(Arendt, 2013)。阿伦特从政治哲学的视角阐述了公共性对于人类公共生活的价值和意义,她以古希腊城邦政治活动为参照,对比她所处时代政治生活的虚假性,试图说明社会公共性流失的重要原因在于古典政治的衰败,人们背离了交流、团结、互利等公共生活目标（秦菊波，2010）。阿伦特重新解读了古代希腊城邦，试图借助古典政治的经验，来恢复政治生活中人类的尊严与价值。阿伦特生活的时代，一方面出现了极权主义的统治形式，另一方面传统文化被割裂，造成人们精神上的漂泊感。作为一名经历了纳粹政治迫害的犹太人，经历和目睹的一切让阿伦特反思社会出现种种问题的症结究竟是什么，她从政治学的视角出发，认为极权主义这种统治形式的出现根本原因在于公共性的衰微或者说公共性的流失。当政治的公共性发生流失的时候，暴力和意识形态控制将成为政治统治的主要形式，这也造成了个体"原子式"的孤立存在。

在公共政策系统环境中，意识形态是一个十分关键的因素，因为其会设定理想的价值目标。意识形态领域认识的差异，会导致对公共性的界定产生分歧。有学者指出，"社会科学家不可避免地陷入价值问题之中。在政治科学领域尤其如此，因为政治科学涉及政策，而政策必定涉及价值"（艾伦·C.艾萨克，1987）。社会契约论者认为独立是社会活动的起点；人类公共生活的目的在于满足个体的欲望；公共性不过是实现私人性的手段。马克思批评了这种观点，认为通过契约来建立的个体间的相互关系，不过是资本主义生产阶段发展的产物，并认为公共性不是以私人性为前提和条件的，"人是最名副其实的政治动物，不仅是一种合群的动物，而且是只有在社会中才能独立的动物"（《马克思恩格斯全集》第30卷，1995）。马克思将公共性和私人性问题放在人类物质生产的平台上来讨论，他认为个体要实现私人性必须要以公共性为前提，个人必须在社会生活中才能存在，任何个人性活动都离不开"他人"的联系和存在，个人不是孤立存在的，他总是与其他人共存于这个世界上。马克思的这种公共性思想不同于阿伦特将私人性和公共性分置于两个不同的领域中，而是将个体的私人性和公共性在生产活动的基础上统一起来。西方国家意识形态较为多元，虽然也存在着多数人信奉的主流意识形态，但很少有国家通过法律强调某种意识形态。所以，在西方国家的政治系统环境中意识形态很难成为某个政策主体参与公共政策过程的阻碍，相反多元的意识形态会激发多类政策主体积极围绕公共政策展开博弈，这在一定程度上有利于公共政策公共性的形成。中国在进入社会转型期后，意识形态不再像转型之前相当长的一段时期内的一元排他，而是逐渐向多元化的大方向发展（汤敏轩，2010）。但应看到在转型期的中国，公共政策系统中应当遵循的意识形态是明确的。

在20世纪60年代兴起的公共选择理论，主要应用于分析政府行为产生缺陷的原因，代表学者是詹姆斯·E. 布坎南，该理论选择用经济学的方法分析政治现象。公共选择理论认为，政治活动同经济活动一样，其中的参与者都追求自身利益的最大化，都是自私且理性的。该理论的代表学者詹姆斯·E. 布坎南（1988）认为"政治人"与"经济人"一样，美国大萧条期间实施的国家干预主义以及凯恩斯所主张的赤字预算是错误的，因为政府预算已经成了政府官僚集团牟取集团利益而拉取选票的工具，进而会导致以权谋私的政府行为。在国家干预主义模式下，政府官员会凭借其所处的垄断地位，在为民众提供公共服务时，过高地索取服务费用的同时无法保障服务质量，进而牟取个人利益。政府在没有有效制衡、监督的情况下决策的主要目的不是增进民众的实际利益，而是扩大自身的利益。所以，造成政府失灵的原因是约束政府行为的规则乏力或过时。因此，改善政府治理，就必须改革选举规则、决策规则等，通过规则充分约束政府的"恶"性。

2.2.2 公共政策公共性流失研究的分歧

对于公共政策公共性的流失，学界目前有两个研究进路：一类研究进路强调公共政策公共性的流失主要是政策过程系统的外部环境所致；另一类研究则认为公共政策公共性流失是政策过程中的缺陷所致。采用前一种研究进路的学者被称为"外部环境论者"，而采用后一种研究进路的学者则被称为"政策本体论者"。下面将对两类研究学者相关研究视角和理论进行梳理与评述。

"外部环境论者"在分析公共政策公共性流失问题时运用了双重视角。从系统论的角度分析，外部环境是一个完整系统必不可少的基础要素。有学者指出"环境的概念具有伸缩性与调试性，足以将影响政策过程的角色都能包容进去"（曹俊汉，1990）。换言之，要实现公共政策的帕累托最优，公共政策的制度环境必须被考虑进去。从信息论的视角看，公共政策的外部环境就是政策系统外部的各种信息与物质。公共政策过程本身就是各种信息与物质不断流动与交换的过程。从政策主体的视角看，只有当它能够清晰地感知、接触这些信息与物质时，才能明确外部环境，才能在公共政策系统中明确自己的位置。因此在公共政策公共性流失的过程中，外部环境因素发挥着不可忽视的影响。尤其是在转型期的中国，公共政策的外部环境存在着许多不确定的因素。一些在制度成熟国家看似必然的外部环境和条件，在中国尚不具备，如明晰的产权制度、较为完善的代议制等。因此，对中国转型期公共政策公共性流失的研究离不开对政策环境的分析，政策公共性流失往往意味着公共政策的制定或执行没有顾及既定的政策系统外部环境。外部环境按照构成因素分类可以分为自然、政治、经济、文化、国际等环境，按照政策过程因素分类可以分为政策制定、政策执行环境。无论以哪种因素标准来分类，这些环境因素都在不同角度影响着公共政策的公共性。

就公共政策公共性流失的具体原因而论，"外部环境论者"论说了市场失灵、政府失灵和社会失灵三种情形（汤敏轩，2010）。

首先，在以改革开放为标志的中国转型期启动以后，中国政府明确提出了建立社会主义市场经济的目标。但在市场经济的建构中，中国走出了一条与西方自发市场经济截然不同的道路，中国的市场经济具有更多的人为形成的因素。西方市场经济体制建立的一般过程为：在封建君主制度瓦解的过程中，私人产权得以确立；社会随着公权力的退却成长发育，使得公共领域与私人领域得以分立；以追求自身利益为重要目的，以等价交换为重要方式，以价格杠杆为调节手段的市场经济建立起来。西方国家的市场失灵常表现为自然垄断、信息不对称等市场自身缺陷，而中国的市场失灵则是市场发育不完善、相关机制不健全等所导致的。在这种市场尚未成熟的情况下，政府习惯于通过行政手段来分配资源，这为公共政策公共性的流失提供了空间。

其次，政府失灵（government failure）是公共部门在面对个人对公共物品的需求时，无法做出有效的决策（李东方，2010）。西方国家政府通常较少地干预属于市场有效调节的领域，不会明显跨越其权力边界。这一点在转型期的中国很难做到，因为本应由市场调节的领域因市场的不成熟而无法被有效地调节。在这种情况下，政府的过度干预就有了必要性，而且转型初期的市场也惯性地依赖于政府管控。在《国富论》一书中，亚当·斯密论述了人人对自己利益的追求会增加社会整体福利这一观点。由于个人利益与社会利益存在这种一致性，所以政府无须对个人或市场进行干涉，扮演好"守夜人"的角色就可以了（亚当·斯密，1997）。亚当·斯密之后的古典经济学家纷纷致力于规范和精确化《国富论》中强调市场这个"无形之手"发挥作用的机制。但现实中西方市场经济的发展却给经济学家们提出了新的问题，由于垄断与信息不对称等因素的存在，西方爆发了周期性的经济危机，这些危机的发生损害了经济效率与社会福利。特别是1929~1933年发生的世界性经济危机，为新的经济学思想产生提供了迫切的现实疑问，其中凯恩斯主义应运而生。凯恩斯主义指导下的相关政府干预政策的推出在一定程度上纠正了"市场万能"思想下放任政策所带来的市场失灵问题。但对于政府在市场中作用的过度依赖，又导致了另一种失灵，即政府失灵。在政府积极干预政策实施后的20多年，巨额财政赤字、经济效率下降、政府机构膨胀等问题纷纷出现，尤其是20世纪70年代在西方国家一度出现滞胀现象。在此背景下，学者们开始重视分析政府和市场的关系，将一度忽视的政府失灵现象纳入研究视野。学者查尔斯·沃尔夫使用非市场失败（nonmarket failure）这一概念来分析政府失灵现象（Wolf, 1979），他认为市场经济在发展中离不开政府的支撑，政府如果无法发挥预定的调节作用，就会使得公共部门在提供公共产品，或产生公共政策时无法做到有效。

民众和政府之间的委托代理关系存在着信任风险。现代民主国家都承认权力来自人民的授权，并且这种权力按照法定的程序授予政府。因此，政府是民众权利的代理者，并且被赋予公共政策的决策权。在实际的政治运行过程中，民众直接抑或间接地选举政府官员或议员，并且这些被选举的官员或议员以定期向选民述职的方式来体现民众与政府之间的委托代理关系。凯恩斯主义中隐含着政府是被信任的代理人的假设，即政府是忠实行使民众赋予的权力的，在市场失灵时，其能纠正市场盲目行为并尽力最大化社会福利。但在实际的政治实践中，政治家或官员并不是毫无私利的代理者，其也存在着不忠实履行承诺的道德风险。而且民众与政府之间的委托代理关系往往是传导很多层的。第一层是公民与被选机构和官员之间的委托代理；第二层是被选举的机构或官员与各层级机构之间的委托代理；第三层是各层级机构与具体工作人员之间的委托代理。这种将政府视为可以被信赖的代理人的假设往往隐含着道德风险。政府部门及其官员也同生产者或消费者一样是追求自身利益最大化的群体，希望自己部门的规模与预算能够尽可能地最大化，获得更多报酬或更小的工作压力等。而且在这种多层委托代理结构中，权责对等的理想组织模式往往难以实现，这使得对代理人的有效问责常难以实现。这是因为：第一，在多层委托代理结构中，民意的传达会因代理人的理解角度、价值取向等的差异而产生偏差；第二，因为公共产品的供给被政府所垄断，民众无法通过比较来判断被供给的公共产品的品质；第三，代理人往往通过将决策过程复杂化与模糊化等手段减轻自己的责任，降低自身的风险。民众面对不充分的监督信息，对政府及官员是否能忠实地履行代理职责难以做出有效的判断,这使得委托代理关系中存在的风险很难被把控。

最后,在前资本主义时期,国家和社会之间的界限模糊,但随着市场经济的发展,社会逐渐成为独立的活动领域,并且反过来促进了市场经济的完善。西方市场经济是建立在成熟的社会基础上的,并且社会作为一种基础性力量为市场和政府的整合提供了有力支撑。在市场经济完善的国家,只有当市场和社会都无法解决问题时,才需要政府的介入,而在这个过程中,社会扮演了一个市场和政府间桥梁的角色,并且在市场及政府难以发挥作用的地方,社会更有不可替代的作用。在转型期的中国,社会尚未充分成长,还不能充分地发挥应有的整合功能。有学者提出"社会失灵"的概念,指出社会失灵是社会组织的功能不完善导致政府和市场无法有效协作的情况(姚庆丰,2000)。社会失灵的深层次原因在于市场经济发展不充分,难以形成社会组织自主发展的空间。

另一派"政策本体论者"则强调,公共政策自身的某些特点也会引起公共政策公共性的流失,如政策的滞后性。公共政策从制定到执行需要一个决策和行动的过程,而这个过程受到政府预见力、决策力以及执行力等多方面的影响,这使得政策对于现实问题的呼应可能会存在传导的时滞。而且,从公共政策的应用到其效用的完全发挥需要一个时间过程,这个过程被称为生效时滞。政策执行一段时间后需要根据运行状况进行调整,这需要对统计资料等进行收集、整理、分析和评估,因此政策过程中存在着资料收集与识别时滞。相较于公共政策可能存在的时滞,市场经济的运行是按照市场的规律不间断运行的,市场经济的不确定性会因为政策时滞的存在而增加,进而出现经济的动荡以及资源的空耗。"公共政策的时滞"已经提示,即使是合理的政策,也有可能在不合时宜的时段得到实施和应用,其合理性会因此受到严重的贬损,甚至加剧了原本就存在的矛盾。

公共政策制定的准确性，有赖于决策信息的可靠和充分。但现代社会的高速运转和经济活动的纷繁复杂，增加了决策信息收集、识别和判断的难度。况且，决策信息的获取可能会面临信息优势一方对于信息的垄断，而这种信息垄断的存在，会导致垄断信息者为了自己的利益最大化而传播虚假信息或封闭信息的情况。在公共政策决策者所接触到的信息是错误的或不完整的情况下，错误的或劣质的公共政策就有可能产生。此外，政府和官员只具有有限理性，存在决策能力有限或知识不足的局限。

政府的公信力是公共政策能够有效被执行的重要基础。如果民众信赖政府的公信力，那么双方会有较高的合作效率，这种高的合作效率会降低政策实施的成本。而如果政府的公信力很低，就会出现政府所出台的公共政策无论是否具有公共性都不会被民众所信任的情况，即产生塔西佗陷阱（Tacitus Trap）（李春雷、刘冰莹，2014）。在实际的政治运行过程中出现的政策频繁变动、选择性执法以及效率低下等现象，使得政府的公信力受到削弱。在政府公信力下降，公共政策受到质疑的情况下，政策相关主体出于对自身利益的维护而采取防范措施，这使得政策目标难以达成。

除了以上分歧外，从政策系统外部环境的视角研究公共政策问题的学者多关注转型国家的公共政策流失问题（Armentano，1986；Hope，1996）。从公共政策自身特点来研究公共政策公共性问题的学者则较多地专注于制度成熟国家的有关问题（Mucciaroni，1992；李习斌、李亚，2002）。两种不同的研究路径的分歧与公共政策所追求的两个价值目标不无关系，即民主与科学。关注政策系统外部环境的相关研究更多地强调公共政策公共性的实现应该有民主的外部环境作为支撑。而关注公共政策过程的学者则认为从技术层面提高公共政策的科学性更能提升公共政策的公共性。

2.3 争议的可能出路：矩阵模型下类型比较分析

公共政策的公共性流失问题是一个具有普遍意义的问题：不论是欧美等发达国家，还是以中国为代表的发展中国家，都面临着公共政策无法有效维护公共利益的挑战，或者说公共政策存在着沦为某些个人或团体牟取不当利益工具的风险。在改革开放进入深水区的中国，这一问题尤其突出：改革开放初期对于公共政策效率的追求大大超越了对公平性的追求，而在当下如果要实现中国向现代化的转型，则应该重视对公共政策公共性的打造和维护。本书通过对公共政策公共性流失的概念、背景、类型、理论、原因等多角度的探讨，试图帮助人们全面认识和理解这个概念以及这个概念所引发的问题。

为了实现上述目标，本书拟从公共政策的外部环境和系统内部两个视角探究中国公共政策公共性的流失问题，将转型期这个大背景和政策主体与政策过程两个系统要件纳入分析框架。这样就在一定程度上为目前公共政策"公共性流失"研究的分歧——"政策本体论"与"政策环境论"争议找到了对话和共同推进的可能出路。

为了回应本书所提出的核心问题：社会转型期公共政策公共性流失问题深层次原因是什么？同时基于现有研究中存在的不足，笔者将重点论述以下三点：一是对公共政策公共性流失的现象进行类型学分类；二是在此基础上对每个类型所对应的经典理论阐释公共性流失的原因；三是对每个研究类型的案例引入社会转型这个大背景，以对公共性流失发生的原因进行再解释。

对公共政策公共性流失现象进行类型学分类。首先将"政策过程"和"动力来源"作为划分公共政策公共性流失现象的两个维度。其中，政策过程是政策从议程设置到最后终结的整个运行过程，一般认为包括政策制定、政策执行、政策评估、政策终结等。"动力来源"则是指最早试图对政策过程施加影响的力量，其可能来自公权力内部，也可能来自公权力外部。公权力内部主体被定义为拥有公权力的机构或个人，包括政府、公共组织及其工作人员。公权力外部主体是指经济、社会组织或普通民众。在以上基础上将"动力来源"和"政策过程"两个维度分别限定为公权力内部与外部和政策制定与执行过程。接着划分类型，并对每个类型提出具体案例（见表2-1）。将动力来源划分为公权力内部主体和公权力外部主体的理论支撑是"政府职能转型"。在计划经济时代的中国，政府是一种全能主义政府，在掌握政治权力的同时，也掌控经济。在向市场经济过渡的背景下，政府应向着有限政府、服务型政府转变。在表2-1中，A所对应的源头自发类型案例"邮政专营权争议"中，拥有管理权的邮政局本应该做好"裁判员"，但现实的情况是邮政局曾经做过它所管理领域的"运动员"，并且在"退役"之后还与曾经的"队友"关系紧密。在B所对应的下游自发类型案例"三网融合"困境中，广电部门还是"政企合一"的体制。这些政府角色的越位现象显示出政府职能转型的迫切性。

将公共政策公共性流失的阶段限定为政策制定和政策执行两个阶段，是因为政策制定阶段所产生的公共政策公共性流失现象是一种"上层腐败"（grand corruption），而政策执行阶段的公共政策公共性流失现象是一种"下层腐败"（petty corruption）。前者较后者更具有隐蔽性，更具有潜在危害性。政策制定阶段所发生的公共性流失显示出作为公权力机构的政策制定部门自身的合法性可能存在问题。而政策执行阶段所发生的公共性流失则多是央地之间、部门之间"条块关系"的掣肘所导致的。另外，之所以选取政策制定和政策执行两个阶段是因为这两个阶段是政策过程中利益分配最为明显的阶段。尽管有些学者认为政策过程还包括政策回馈和政策终结，但这两个阶段实质上是对政策制定或执行过程的调试，因此本书没有专门将这两个阶段单独列出并予以讨论。

表 2-1　公共政策公共性流失现象分类

流失阶段 动力来源	政策制定	政策执行
公权力内部主体	A	B
公权力外部主体	C	D

资料来源：笔者自绘。

将表 2-1 中的 A 类型定义为源头自发类型，其对应的案例是"邮政专营权"争议。B 类型被定义为下游自发类型，其对应的案例是"三网融合"困境。C 类型被定义为源头捕获类型，其对应的案例是"郭京毅案"。D 类型被定义为下游捕获类型，其对应的案例是"郑筱萸案"。

在利用经典理论对以上各个案例展开原因分析后，本书引入社会转型期这个动态变量，进行原因再分析，试图论证社会转型期这个动态变量在公共政策公共性流失过程中所起的重要作用。比如：在对 A 类型的分析中，之前学者往往将 A 类型视为政府自利性的产物，但社会转型期是一个价值观念不断变化重构的阶段，如何界定"自利性"？自利性和公共利益之间必然会产生矛盾吗？本书将会对此展开分析。

在案例选择上，本书首先考虑的是案例是否能够较好地服务于论证目标。为此，本书所选取的案例都是具有典型特征的案例。这些案例边界清晰能更好地透视公共政策，使得这些案例对于所属类型的解释力度能够达到最大化。同时，为了更好地突出公共政策公共性流失的显现程度，本书所选取的案例都是处在消费端，与广大民众切身利益息息相关的案例。另外，本书在选取案例时，也考虑到案例资料的可获取性和丰富性。本书的四个案例"邮政专营权"争议、"三网融合"困境、"郭京毅案"、"郑筱萸案"都是近年来新闻媒体以及学界持续关注的案例。之前的相关报道和研究资料为本书更好地呈现案例细节提供了基础。基于以上四个典型案例，本书主要从公共选择理论的不同视角出发，对其进行解读。

第 3 章 源头自发类型

公共政策的本质在于其本身的公共性。如果公共政策的公共性流失发生在政策制定阶段，政策的合法性和权威性就会受到质疑。本章将对政策制定过程中的公共性流失问题展开探讨，并限定为公权力内部主体是政策过程发起者的情景。之所以会出现这种情况，是因为在转型期的中国，政府的有些部门既是裁判员又是运动员，可能会通过对公共政策制定权的操控来牟取不当利益。

3.1 源头自发类型的特征

本章所讨论的公共性流失类型是政府凭借对公共政策制定权的掌握，制定不公平政策，影响市场对资源的有效配置，进而损害公共利益的情况。相较于在外部压力下制定公共性流失的政策，这是一种主动创租的行为。由于"政企分开"在转型期的中国并没有完全实现，所以政府主动寻租行为并不鲜见。清华大学过勇教授和胡鞍钢教授将行政垄断定义为政府为了维护本地区或本部门所属企业利益，通过法律法规等形式，维持其垄断地位，阻碍竞争性市场的建立（过勇、胡鞍钢，2003）。换言之，市场的垄断从根本上是政府权力所给予和保护的，并以法律、法规等形式得以确认的。

这种类型较之其他三个类型的突出特点在于公权力内部主体是导致公共政策公共性流失的动力来源，而且这种主体处在政策过程的上游阶段。可以说这种类型是"政府自利性"最强,也最容易体现的类型。即使其他类型中存在"政府自利性"因素,也没有这种类型表现得直接、突出。在下面的讨论中本书将会从公共选择理论的角度,着重讨论这种类型中所存在的政府自利性问题。公共政策的制定是"政治过程"的产物,因此在分析政策制定时,无法回避政治因素。人们往往习惯于假定政策制定者以追求社会福利最大化或公共政策的公共性为其行动的主要原则。但公共选择理论学派认为公共政策的决策者与社会其他成员一样是自利的,他们也以个人利益最大化作为行动准则,因而在制定公共政策的过程中,往往会把自己的利益置于公共利益之上,即自利性超越公共性,进而使得公共政策的公共性发生流失。

本章选择新邮政法制定过程中的邮政专营争议事件作为典型案例,是因为这个案例符合此章公共流失类型的基本特点。一是这个案例发生在政策的制定过程当中。此案例发生在《中华人民共和国邮政法》(以下简称《邮政法》)起草制定过程中。《邮政法》作为法律,属于公共政策的范畴。二是在这个案例中试图通过政策制定来实现本部门利益的机构是国家邮政局,属于公权力内部主体的范畴。下面将主要通过理性选择理论来对这个案例进行解释,以还原政府自利性是如何在公共政策制定过程中发挥作用的,以及论述社会转型因素在这个过程中所起的作用。

3.2 源头自发类型典型性案例——《邮政法》修订

2009 年 8 月 5 日,《国务院关于邮政企业专营业务范围的规定(草案)》被国家邮政局以传真电报的形式下发到了各省(区、市)邮政管理局。该草案中有一条规定:单件 100 克以内,特大城市同城 50 克以内的寄递业务由邮政专营。该规定出现后,引起社会舆论的哗然。虽然这个草案是以"国务院规定"的形式出现的,但由于中国在立法流程上为了弥补立法机关在专业性和实践经验上的不足通常采取的是"行政部门起草、国务院法制办修改、提交全国人大常委会审议"（瞿郑龙，2015）的运作流程，所以许多媒体以"国家邮政局拟规定 50 克以内业务由邮政专营"为题对这个草案做了报道。民营快递企业对此反应强烈，它们于 2009 年 8 月 26 日在北京举行的"民营快递高峰论坛"上强烈反对"50 克专营"案（周鑫，2010）。

为什么民营企业会对"50 克以内业务由邮政专营"这个草案条款反应如此激烈？国家邮政局主导的草案修订为何要加入这一条款？下面笔者将对这个案例发生的历史背景进行介绍，并梳理出这个案例中所值得讨论的问题。

3.2.1 《邮政法》修订工作的背景——对公共政策公共性的维护

《中华人民共和国邮政法》在 1986 年 12 月 2 日召开的第六届人大常委会第十八次会议上通过。这部法律保障了邮政工作的正常运行，对促进邮政事业的发展起到了积极的作用。1986 年版《邮政法》作为公共政策在当时起到了很好地维护邮政行业及广大消费者共同利益的作用，体现了其自身的公共性。

20 世纪 80 年代以来，国际邮政领域随着现代通信技术的进步和经济全球化、服务贸易自由化的发展而发生着深刻的变化。世界各国邮政行业掀起了一场深刻的变革热潮，变革的趋势是实现政企分开、开放邮政业市场、缩小邮政专营权。改革的总体目标是在保障邮政普遍服务的前提下，引入竞争机制，释放发展活力，适应用户、市场和社会环境的需要。德国、荷兰、英国和法国等国家的邮政部门通过并购或联盟等改革措施，业务领域不断扩大，服务质量也不断提高，财务状况得到改善，逐渐转变成为全球性快递物流公司（国家邮政局政策法规司编著，2008）。各国邮政业的改革方向表现出引入竞争、增强活力、降低成本、更好地体现和维护公共利益的特点。

在1986年版《邮政法》的规范下，我国邮政业实现了健康发展，有效保障了公民基本通信权利、国民经济和社会的发展。但随着改革开放的深入，邮政行业更多参与主体的进入，包括民营快递企业和外资快递企业的涌入，1986年版《邮政法》已经大大落后于政策环境的变化，无法充分体现公共政策的公共性了，这主要表现在：邮政管理体制改革的方向是政企分开，而现有的邮政管理部门职责无法适应政企分开后的监管需要；缺乏对邮政普遍服务保障机制的规定；缺乏对快递市场相关管理工作的规定，无法适用于对快递市场的监管；缺乏对新形势下安全监管的规定；对于邮政业务资费的规定不符合市场化改革的要求（倪勇，2010）。其中最为重要的是缺乏对快递市场，特别是对民营快递市场的监管。

很难想象，今天中国消费者所经常接触到的快递服务提供商，如以申通快递、圆通速递、中通快递、百世汇通、韵达快递为代表的"四通一达"，以及顺丰、宅急送等企业在2009年新《邮政法》出台之前都是"黑户"——其营运资格没有相应的法律依据。以前的法律规定信件与类似信件性质的物品属于邮政企业专营。中国的民营快递业大约产生于1992年邓小平"南方谈话"之后。随着"南方谈话"之后的经济特别是外贸经济的快速发展，递送报关文件、代送客户样品等业务的出现催生了民营快递业（李彦甫，2019）。民营快递的出现打破了邮政部门独享市场的局面。由于民营快递在价格方面更具有竞争力，所以民营快递在20世纪90年代初期出现以后发展迅速。但中国民营快递的发展受到1986年实施的《邮政法》的制约——该法对快递经营业务范围的划分界限不清，使得民营快递行业的发展潜力并没有得以充分释放。法律地位的不明确，使得民营快递在吸引资本和人才方面面临着制约。1986年版《邮政法》已经明显无法跟上快递业的巨大变化。对于什么样的企业可以从事国内快递业务、快递企业应该遵循哪些规则、快递企业与客户之间的纠纷如何解决等，1986年版《邮政法》缺乏相应的条款。另外，邮政系统所进行的"政企分开"改革，拆分后的国家邮政局作为行业监管主体怎样有效监督作为经营主体的中国邮政集团有限公司，这方面的规章制度仍待完善。因此，《邮政法》的修订被摆上了重要的议事日程。

3.2.2 《邮政法》修订工作的过程——关于"邮政专营权"的争议

《邮政法》的修订工作开始于1999年4月。按照国务院有关领导"建议尽快修改《邮政法》"的批示，国家邮政局于1999年设立了《邮政法》修改工作小组。该小组在进行大量调研及论证工作的基础上，开始着手对1986年版《邮政法》的修订工作（周鑫，2010）。这次《邮政法》修订过程中很重要的议题是邮政专营制度是否要坚持？邮政专营的标准是什么？由于这两个问题牵涉到民企、外企能否充分加入邮政市场的争夺，消费者是否能够拥有充分的邮政类消费选择权，所以引起了广泛的关注。对"邮政专营权"的规定是涉及大部分民众共同利益的公共政策条款之一。"邮政专营权"如何设置才能保障大部分人的利益，才能体现公共政策的公共性，是《邮政法》修订过程中的一个反复博弈的问题。

所谓邮政专营制度是指国家以法律的形式给予邮政单位或企业对某些特定业务的独家专营权利，并且其他单位、企业、个人未经许可不得经营该项业务的法律制度（国家邮政局政策法规司编著，2008）。1987年1月1日开始正式实施的《中华人民共和国邮政法》第八条第一项规定：信件和其他具有信件性质的物品的寄递业务由邮政企业专营，但是国务院另有规定的除外（吕世珩、鹿荫棠，1993）。"由邮政企业专营"的规定意味着邮递等相关业务只准许邮政企业经营，没有得到邮政企业的委托，任何单位或者个人都不得经营。"国务院另有规定的除外"，主要是指国务院可以根据国家需要让邮政企业以外的单位和个人从事寄送业务。这里的"邮政专营"是某种程度上的"邮政独占"即中国不允许外国在国内开办邮局，即使合资经营也不允许。随着中国2001年

12月11日正式加入世界贸易组织，"多种形式的快递服务"被允许，但"现由中国邮政部门依法专营的服务除外"（国家邮政局政策法规司编著，2008）。

邮政部门认为应该设置"邮政专营权"，其理由主要有以下方面："邮政专营权"的设立有利于维护国家通信安全；有利于保障边远地区的邮政普遍服务。而民营快递行业则不支持"邮政专营权"的设立，因为邮政专营权的设立会冲击其业已形成的市场，有妨碍市场公平竞争之嫌，与市场经济建设的大方向相逆。同时，民营快递行业在多年的发展后，其低价高效的服务已为广大消费者所认可接受，其已拥有广泛的民意基础。这使得民营快递业有着与邮政部门博弈的资本。

自1999年国家邮政局启动《邮政法》的修订工作，到2009年4月24日在第十一届全国人大常委会第八次会议上通过，其间针对邮政专营问题，有过多次争议。从以下邮政专营界定的几次改动中，可以看出邮政部门与民营快递业之间关于邮政专营权的分歧。

修订草案第五稿在2003年发布，当时对于邮政专营范围的规定是文件"单件重量500克"以下由邮政专营。

之后在2006年1月修订草案征求意见第七稿中将专营范围限定在350克以内。如果这样规定会使得民营快递被排斥在文件经营的范围之外。但彼时，民营快递尚没有足够的资本完成由文件投递向物流配送或包裹投递的转型。若放弃350克以下的文件经营权会使得民营快递在经营上面临困难。而且，以重量来选择快递服务提供者的做法也不符合国内客户的使用习惯——客户将快递物品称重后再选择快递公司在现实操作中难以实现。在这一稿中，民营快递企业也被要求缴纳普遍服务基金，而邮政从事快递业务却无须缴纳，这显然并不公平。对民营快递企业而言，如果遵循这一条款，将大大增加其自身的经济负担。还有，这一稿也对民营快递的准入门槛做了限定：对于运营国内范围内快递业务的非邮政快递企业要求注册资金不低于100万元，范围限于省内业务的企业要求达到 50 万元。这个规定会使当时 30%～50% 内地的民营快递企业面临"关门"的危险，特别会使以特许加盟方式存在的民营快递公司难以达到准入门槛（徐勇编著，2006）。

2006 年 8 月发布的一稿中虽然将邮政专营的范围缩小到了 150 克，但将"单件在 5 公斤以下的印刷品和 10 公斤以内的包裹"纳入邮政专营的领域。

在 2007 年 5 月发布的《邮政法》修改草案第九稿中，因为各方面的分歧重大，并没有出现邮政专营的相关条款（肖黎明、侯列芹，2007）。

2009 年 4 月 24 日，新《邮政法》经过十一届人大常务委员会审议通过，并于 10 月 1 日实施。在新《邮政法》中对于专营权的规定体现在第一章第五条："国务院规定范围内的信件寄递业务，由邮政企业专营。"这就是说专营权如何制定交由国务院负责，这也就出现了此节开篇时所提到的《国务院关于邮政企业专营业务范围的规定（草案）》。该草案中关于"50 克禁令"部分的规定，本应该出现在 4 月 24 日全国人大通过的《邮政法》里，但由于争议较大而被放到了最后。虽然这个草案因社会反对声音较大而暂缓实施，但对于其包含的问题却值得思考。

邮政专营问题标准的模糊，对邮政企业和非邮政企业，甚至消费者的利益都有着潜在的威胁：一是为邮政企业任意拓展专营范围提供了便利，这会威胁非邮政企业的利益；二是非邮政企业在模糊的标准下可能侵入邮政普遍服务领域，威胁通信安全；三是限制了邮政竞争性业务的发展，进而影响了消费者的选择权。因此关于"邮政专营权"问题的争议引起了相关政策主体的高度关注。

3.3 案例分析——政府自利性的视角

3.3.1 《邮政法》作为公共政策其"公共性"的体现

按照第一章中对"公共政策"的定义，《邮政法》作为一部人民代表大会通过的法律无疑是公共政策,其公共性体现在法律文本的第一章第一条:"为了保障邮政普遍服务……适应经济社会发展和人民生活需要,制定本法。"虽然这个陈述表达了《邮政法》立法的出发点和目的,但是其较为笼统的表达无法作为具有可操作性的"公共性"指标。本书下面将对《邮政法》立法过程中各个参与主体(包括国家邮政局、中国邮政、民营快递、消费者)的利益进行分析,特别是对在"邮政专营权"这个问题上的各相关方的利益进行分析,以阐明公共利益的具体体现。

罗伯特·达尔(Robert Alan Dahl)认为政府如果垄断了对社会其他机构的制裁权,并且没有能够对其加以分权制衡的其他力量,就不会出现有竞争性的政治活动,因为反对力量会被有效地压制(罗伯特·达尔,2003)。这句话同样也适用于邮政领域:在传统社会,权力主宰一切,邮政领域即使有利益冲突,也无法在专制的强制下发声,所以利益冲突并不明显。而在现代社会,邮政行业的利益趋于多元化,外资企业、民营企业都加入其中。宏观上看,邮政领域既存在着公共利益,也存在着集团利益、个人利益。这些利益并不总是一致的,总会有交叉、有冲突。

人们总是希望这种利益的冲突能有完善规则的限制,正如学者罗斯科·庞德所指出的,"一个文明社会的法律前提,即:凡是采取某种行动的人将在其行动中以应有的注意不使其他人有遭到不合理损害的风险"(罗斯科·庞德,1984)。而现实中往往是利益主体所掌握的资源决定了其能否在利益争夺中取得有利地位。在由行政部门起草、国务院法制办修改、提交全国人大常委会审议的立法流程已经成为行业立法的标准流程的情况下,国家邮政局在修订法律时对中国邮政集团有限公司(2007年1月29日之前两者政企合一)照顾有加,比如之前在案例呈现中所提到的:在多个修订草案中国家邮政局试图赋权给中国邮政集团有限公司以某一重量以下的"邮政专营权"。如果将这一部分划给中国邮政集团有限公司，对外资企业、民营企业都可以说是重大打击。如"同城快递 50 克以下、异地快递 100 克以下由邮政专营"这个《邮政法》修改稿第八稿中的规定，会使很多民营企业面临重大压力，通过查询《第一财经日报》采访相关民营快递企业负责人的内容，可以看出当时民营快递的业务中主要是 100 克以下的物品。在自身利益受到侵害的情况下，非邮政企业自发组织起来，呼吁政府能广泛听取各方面的意见，并通过各种方式反映自己的利益诉求。

从法律曲折的修订过程中，我们可以看出非邮政企业的利益诉求：它们并不支持"邮政专营权"的设立，而是希望能得到一个公平的市场竞争环境。非邮政企业所从事的快递业务，在新《邮政法》出台前的邮政体制框架里，是个"天生没娘的孩子"[①]，因为 1986 年版《邮政法》并没有区分快递业务和邮政普遍服务。随着 20 世纪 90 年代新型快递产业在中国的迅猛发展，邮政企业虽然拥有合法的业务领域，但市场空间却在被日渐蚕食。在世贸组织（WTO）的前身关贸总协定中已经有相关文件明确区分了信使服务（courier services）与邮政服务（postal services），这是被各国行业管理部门所承认的（赵杰，2009）。但在中国新《邮政法》推出之前，这两项服务是由邮政部门专营的。面对民营快递对信使服务领域的侵入，邮政部门试图通过掌控快递业务的进入授权来抑制民营快递的发展，即经过邮政部门的授权，非邮政企业的快递业务才具有合法性。

消费者对于"50 克禁令"的态度如何呢？从上海《新闻晨报》的一篇以《邮政新政：仅一成人支持"50 克"禁令》为题的报道中我们可以看出普通消费者对于"50 克禁令"的意见。法律从本质上而言是立法机关或其授权部门生产的"公共产品"，所以立法应该体现和反映民意，需要了解公民的需求。同时也需要建立完善的表达渠道，让公民

---

① 访谈资料，20170317。

能够将自己的利益诉求、意愿向立法机关充分表达。

通过上面的分析，我们可以看出在国家邮政局、非邮政企业、消费者三个政策相关方中，有两个倾向于反对试图以某一重量为限建立"邮政专营"的做法。如果政策的"公共性"体现为大多数人的共同利益，那么《邮政法》作为公共政策其"公共性"的体现之一应包括不以重量为标准设立"邮政专营"。在确定了《邮政法》的"公共性"在"邮政专营"方面的体现后，本书将接着论证，为何在非邮政企业、消费者大都反对建立专营制度的情况下，国家邮政局仍多次试图将这一条款纳入新修订的《邮政法》或试图以国务院行政法规的形式确立专营制度。

3.3.2 《邮政法》修订过程中"公共性流失"的动力来源及成因

上面一节我们确认了《邮政法》修订所应体现的"公共性"，即不以某一重量为门槛设立邮政专营。而试图设立这一规定的是以国家邮政局为代表的政府一方。国家邮政局为何要逆"公共性"而为之，多次试图将邮政专营制度加入新《邮政法》呢？本节基于公共选择理论，以政府自利性为分析视角，解释上述疑问。

政府的自利性是指政府在公利性之外还存在着为自身的生存和发展去创造有利条件的属性（金太军、张劲松，2002）。政府部门之所以存在自利性是因为政府部门是由人组成的，而人的本性也在一定程度上决定了其组成机构的属性，正如休谟（1980）所言："人性会对科学产生或多或少的影响，人性会通过各种途径影响科学，即便有些科学与人性的关系并不是那么紧密。"即便是自然科学、自然宗教也会在某种程度上受到人性的影响。因此对人性的假设是学术论证无法回避的问题。公共选择理论在研究现代社会的"政府失灵"问题时，选择将古典经济学中的"经济人"假设带到政治领域，用来分析政府及公职人员的行为动机和选择。公共选择理论认为公职人员也是追求个人利益最大化的

"经济人"，其优先目标选择是个人利益而不是公共利益。

当然政府自利性的存在并不一定意味着政府在制定公共政策时会引发公共性的流失。首先，政府部门存在和履行职能的必要条件就是其自利性，因为政府部门要提供公共产品和公共服务，必然需要人力、物力、财力的支持和保障。尤其是中国正处在社会转型期，社会治理任务繁重、各种矛盾错综复杂，更需要物质保障有力的公共管理队伍（任剑涛，2011）。其次，政府自利性也可作为激励手段有效地激励政府部门及其工作人员更好地履行职能。最后，政府部门的自利性常居于从属地位。一个具有政治合法性的政府会致力于公共利益的实现，自利性只是其从属属性。因此如果政府的自利性并没有损害公共利益，那么其自利性是具有正当性的。但应注意到政府自利性在没有制衡约束的情况下具有潜在的扩张性，有可能会导致公共利益受损、公共政策公共性流失等情况（丁渠，2014）。

国家邮政局在起草新《邮政法》时，多次试图按照重量确定专营范围：在制定法律法规和规章中"塞进"部门利益的"私货"。"行政权力部门化、部门权力利益化、部门利益法制化"，这句话是对将部门利益超越公共利益并自我"漂白"变得合法化的精辟写照。这使得相应的法规规章作为公共政策本应具有的"公共性"发生流失。《邮政法》的修订，所应面对的问题是厘清邮政业的行业规则，为各类企业参与邮政相关服务提供运行规则。但邮政主管部门及邮政企业面对民营快递的迅猛发展，不是去探索新的运行机制，反而试图通过对《邮政法》修订权的掌控来限制民营快递的发展空间。

作为国家政府部门之一的国家邮政局在2007年邮政政企分开之前与邮政经济运营部门是紧紧绑定在一起的，即使在政企分开后，两者之间也有着千丝万缕的联系。2006年，由国务院法制办统筹、国家邮政局起草的《邮政法》征求意见稿第十条规定：信件的寄递由邮政企业专营；单个邮件重量在350克以上的国内速递业务与国际信件速递业务除外（彭波、张潇月，2014）。这十分明显地体现出了政府部门在参与政治活动时，有时将政治看作一个普通的市场——政治商场，其也是以成本—收益权衡为依据，企图在政治活动中实现对自身利益最大化的追求。公共选择理论大师詹姆斯·M. 布坎南（1988）认为应当在制定宪法条款时，考虑到国家的管理者会是使用他们的权力来最大限度地追求财富的人，要设计出能够对国家管理者的权力和行为产生有效约束的宪法条款。

公共权力存在的意义在于维护和实现公众的利益，而其一旦被部门利益所捆绑，就不可避免地会导致公共权力的扭曲。从公共选择理论的视角看来权力也有自私自利的一面，政府部门也会有逐利冲动。加之中国行政垄断的存在更是加剧了这一冲突。政府部门滥用权力所导致的行政垄断，排除或限制了企业之间的竞争。尽管在中国社会的转型期，市场化程度在不断提高，但权力依然没有放弃试图干预正常市场活动的机会。加之中国目前尚处于市场经济的初级阶段，相关法律法规不尽完善，使得在不完善、不健全的市场机制下原有的行政权力找到了新的生存空间。具体到《邮政法》修订过程中"公共性流失"的原因，主要存在于以下两个方面。

一是行政垄断、政企分离不彻底造成的部门利益的存在。行政垄断（administrative monopoly）被视为转型期特有的上层腐败形式，是政府为了保护其原掌控企业的特殊利益而主动创租的行为（过勇、胡鞍钢，2003）。在1998年"邮电分家"之前，邮电部不但掌管着邮政管理及运营还掌管着电信领域。即便是在1998年邮电分家以后，国家邮政局作为信息产业部的下属，依然实行的是政企合一的运作模式。直至2007年中国邮政集团成立，中国邮政业才实现名义上的"政企分离"。长期计划经济的发展使得政府掌管企业，企业寄生于政府的这种模式即便是在市场经济改革开启后的一段相当长的时间内还在运行。之所以政企分离还不够彻底，一方面是因为中央层面的有关部委以及地方政府还拥有着一批国有企业，或出于利益、政绩考虑或出于获得行业监管的权力优势，它们并不希望企业离开自己的管控范围，并常常使用行政命令的方式限制或排斥外部门企业或外地企业参与竞争。保护本部门或本地区的既得利益是行政垄断难以根除的重要原因。另一方面是因为市场经济建设过程中存在很多非市场因素，比如权力肆意干预，所以有些企业的经营理念还未彻底转变，热衷于讨好政府，习惯于听从政府的安排和指挥，这也助长了政府的"有形之手"过多地干预市场的倾向。另外，处在社会转型期的中国政府的职能以及政府部门之间的权限分工还不是十分明确，这造成了一定程度上的灰色区域，为行政权力的过度蔓延提供了空间。

二是部门立法模式的存在为"部门利益法律化"提供了空间。改革开放之后，中国进入了快速发展阶段，随之而来的是越来越多的法律空白区域的出现。对于这些法律的空白，行政部门往往首先面对。因此，针对这些法律空白区域的立法，行政部门较立法机构具有更丰富的信息与经验。在实际的政治运转过程中，行政部门往往主导了相关法律的制定工作。但这会引起一个问题：立法权与行政权的合一，会导致集"运动员"与"裁判员"于一身的行政部门通过法律将部门利益固定化。《邮政法》的修订正是国家邮政局负责起草的，所以很多非邮政企业和消费者纷纷质疑其"邮政专营权"的相关条款也就不足为奇了。中国的立法体制属于行政部门主导型，行政部门在立法动议、法律起草甚至是法律审议三个重要的立法环节都起着重要的主导作用。① 这种主导作用会导致法律的制定或公共政策的制定过程中有时会出现公共性的流失。由于政府部门也是"经济人"，也具有自利性，因此存在着"部门立法"的危险，即公权力拥有者会将私利凌驾于公共利益之上。中国宪法和立法法虽然对于立法监督，特别是部门立法监督有很多规定，但

---

① 根据不完全统计，在十一届全国人民代表大会常务委员会规划的64部法律中，48部是主管行政部门负责起草的。除了法律的直接制定外，主管行政部门还负责其主管领域内法律实施细则的制定。

由于政治体制存在着部门立法的"路径依赖"和监督机构、程序的不完善，立法监督机制作用发挥不充分。新中国成立之后，尚未有一部法律规章因与宪法、法律抵触而被立法监督机关撤销（丁渠，2014）。在这种立法约束非常薄弱的情况下，牟取不正当的部门利益成为某些政府部门合乎理性的行为选择。

从以上分析中可以看出《邮政法》修订过程中致使"公共性流失"的动力来自公权力内部主体的自利性扩张，"行政垄断"和"部门立法"为自利性扩张提供了条件。也可以看出，公权力内部主体的自利性扩张往往是以维护国家利益或公共利益的面目出现的。那么，什么样的政治系统大环境使得不同的政策主体都有理由提出自己的主张或行为才是维护国家利益的呢？或者说，哪些因素会影响政策主体对于公共利益的判断？下一节将会对该问题展开论述。

3.4 社会转型期价值观念变化对公共政策"公共性"的影响

在社会转型期，对于政府自利性的判定遇到了如何界定"公共利益"的问题：有些政府部门认为自己所关心的利益应该放在首要位置，因为自己关心的利益就是公共利益，自己是"公共利益"的超级代表。甚至有时某些政府部门或机构实质上把自己的利益置于公共利益之前，却依然笃信只有自己利益的实现才能有助于国家利益的实现，依然笃信自己所制定的公共政策具有"公共性"。造成这一现象的原因除了之前所论述的政府部门的自利性扩张外，还在于计划经济时代的某些价值观念在作祟。在高度集中的计划经济时代，政治是统领一切的指挥棒。人们行为的选择可以不算经济账，但必须算政治账。正如在国家邮政局为自己设置"邮政专营权"所列举的理由中提到的那样，国家信息安全和公民的通信自由是邮政专营权设立的一个"重要"初衷。另外，"50克专营"案提出的一个很重要的背景是民营快递业的迅速发展。在

2009年新《邮政法》出台之前民营快递是不合法的。面对即将"转正"的民营快递，邮政集团是有些惧怕的。民营快递较少为职工提供"五险一金"等保障，运营成本较低，邮政和它们比起来，在运营成本上就明显不占优势。邮政集团希望通过法律的形式划出自己的一块"自留地"避开来自民营快递的竞争。国家邮政局作为主管部门也希望能照顾一下邮政集团，因为邮政集团承担着一些赔钱的业务，像西部和偏远山区的业务都对邮政集团运营构成了不小的压力。国外也存在一些邮政专营的先例。所以，提出"50克专营"在邮政部门看来并不完全是一些媒体所报道的为了维护垄断。[①]

在国家邮政局为邮政专营权设置的理由陈述中，"国家信息安全"被放在首要位置。在此暂且不讨论"邮政专营"是否真的有助于国家信息安全，但从其论证的出发点可以看出，对于国家利益的强调是邮政部门试图建立"邮政专营"的重要理由。在中国社会转型前的一元价值观社会中，社会中的一切价值都可以归结为国家的价值，一切利益必须无条件服从国家利益，但这种"国家利益"是抽象的。于是，在中国社会一段时期内具体的个人被抽象的整体所否定和消解，个人被定位于工具性或手段性的存在。这种"国家利益"至上的本质特征就是通过对个体自由的否定和对个体存在价值的消解来实现所谓的"整体利益"或公共利益。

正处在社会转型期的中国，多元利益主体逐渐发展。个体价值在市场经济中得到了肯定，冲击了集体本位。市场经济作为一种产权明晰、自由交易的法治经济形式，培育了具有自我利益诉求的市场活动参与者。这些市场活动参与者在激烈的市场竞争环境下主动地、创造性地参与各种经济活动，并努力为自己创造更大的价值。个体价值的释放赋予每个个体以更大的自主性，也激发了个体的积极性和创造性，进而促使

---

① 访谈记录，20160410。

个体追求自身的独立人格，捍卫着自己的尊严和自由，焕发出自身的潜在能力，激发出创造性、创新性。这对于改变对权力的人身依附和唯上是从的价值观具有重要意义（刘燕，2014）。各个利益主体都存在自己的利益诉求，这势必导致价值标准和价值取向的多元化。在《邮政法》修订过程中利益团体和社会民众也从自己的利益出发，希望自己的利益能够上升为"国家利益"或"公共利益"。这三者间的价值观念是存在差别的。而造成这种价值观念差别的一个重要原因在于社会转型期的中国不再像计划经济时代那样，政府主导一切，利益团体和社会民众只是服从政府的安排，而不主张自己的利益。在新《邮政法》修订过程中，围绕"邮政专营范围"的多次争议，正是由于民营快递企业积极地主张自己利益诉求而引发的，因为诸如依据单件运输物品的重量来确定普遍服务和竞争服务的范围等规定，关系着民营快递的生死存亡。[①]

社会转型期所出现的市场主体意识的觉醒，让特殊利益集团感到惶恐，使其不得不寻找各种借口来阻碍改革的推进。民众的权利意识会随着自己作为市场主体的经济收益的增加而增强。社会成员之间的利益博弈，会随着计划经济束缚的被摆脱而得以释放，追求公平正义的呼声也随之高涨。在这种情况下，既得利益集团不得不利用一些看似冠冕堂皇，实质却是为一己私利的理由，或利用旧有的应被破除的意识形态作挡箭牌，来阻碍公平正义的实现。同时，特殊利益集团也会巧妙地利用社会转型期所出现的制度裂缝，为自己谋求新的"利益增长点"（杜专家、倪咸林，2015）。

价值取向的多元化、冲突是转型期的中国所面临的显性问题，其对于公共政策的"公共性"的界定和实现提出了巨大挑战。价值冲突在中国社会转型期日益加剧并非偶然，有其内在的必然性。传统社会的统一价值之所以失去了生存的土壤，根源在于现代人生存方式的转变和现

---

① 访谈记录，20170317。

代社会结构的分化。现代社会是基于利益交换的市场经济社会，它瓦解了以前依靠地缘、血缘等建立的联系，将人们的关系简化为利益关系。正如恩格斯所指出的，"每一历史时期的观念和思想也可以极其简单地由这一时期的经济的生活条件以及由这些条件决定的社会关系和政治关系来说明"（《马克思恩格斯文集》第3卷，2009）。个人的利益和价值在市场经济活动中得到了充分的释放。由此看出，价值冲突在中国转型期的日益加剧并非偶然：多元价值观在计划经济向市场经济的转型中不断发展。区域、城乡、阶层之间利益分配呈现出强烈的对比和差异。不同地区、不同部门、不同职业的利益冲突日益表面化、尖锐化。这些价值取向的多元化、利益冲突的紧张造成了社会不同领域、不同时期矛盾的出现，如经济效益和社会效益的矛盾，环境保护和经济发展的矛盾，都是价值冲突的具体表现形式。

片面强调国家利益优先的问题曾在中国历史上出现，其本质是将公民的自身利益置于可有可无的位置，认为公民利益的存在就是为国家利益服务的。如果过分凸显国家利益，甚至以维护集体利益、国家利益的口号去侵害公民个人利益，会导致极端化倾向。国家和公民之间应有的正常关系会被这种极端化倾向所损害。公民与国家关系的基础应当是民主与法治。中国改革开放的目标之一是完善民主与法治，让公权力真正能够做到"为人民服务"。改革的推进会带来价值观的多元，促进对民主、自由、平等、爱国等价值的追求。① 向多元价值观社会的迈进，要求公民意识的觉醒。如果大部分公民都是臣属型公民，那么存在多元价值观的社会就很难建立起来。在公民政治社会化的过程中，多元的信息渠道有着重要的作用。如果公民处在一个各种信息源被控制的社会，那么其很难摆脱对于权威的过度依赖，反而强化了其政治依附性。市场经济所带来的有个体利益的市场主体，在多元信息的环境下，会从自己的

---

① 社会主义核心价值观为"富强、民主、文明、和谐，自由、平等、公正、法治，爱国、敬业、诚信、友善"。

利益出发，做出理性选择，发出自己的声音。

在政策制定阶段公共政策"公共性"的实现，尤其是在公权力主体作为利益直接攸关方的情况下，有赖于价值共识的建立。"共识"是人们竞争或协商出来的集体同意，其形成过程是一个博弈的过程。在西方国家"共识"的建立多表现为对多数选票的认可，在中国则以"民主集中制"原则下产生的各种决策为主要表现形式。共同的价值诉求能够成为联系各社会阶层、群体的价值纽带，成为超越不同利益主体的诉求汇聚，促进社会整体实现和谐。总体而言，有两个条件有助于和谐秩序的维系：一是社会大多数成员都认可最基本的价值导向；二是基于公平正义的伦理精神而构筑的法律体系。前者是精神动力，后者是制度保障（刘燕，2014）。因此，要赢得民众共识，须从重视民众利益问题入手解决各种矛盾。应看到，民众价值共识的根本在于国家能够继续深化改革，让民众感受到更多的公平正义。

第4章 源头捕获类型

上一章论述了政策制定过程中公权力内部主体试图或已经牟取不当利益而损害公共利益的"公共性"流失类型。本章论述的是政策过程的发起者来自公权力外部的情况,即公权力外部的团体或个人通过贿赂等手段来影响公权力内部机构或人员,使得负责公共政策制定的机构或个人利用立项、起草等权力,出台对公权力外部的某些团体或个人有利的公共政策。当然,在这个过程中公权力内部机构或个人也有动力牟取不当利益,但本书所提及的政策过程发起者是最先试图影响政策制定的团体或个人。

4.1 源头捕获类型的特征

有动机也有能力通过影响公权力内部主体来左右公共政策制定的行为主体,往往是具有一定规模和实力的利益集团。在转型期的中国现有的制度体制下,利益集团不会像在西方国家那样通过游说或选举支持去左右政治,而多是对负责公共政策制定的机构或个人进行"投资",进而使得公共政策制定者无法站在客观公正的立场行使职责。因此,动力来自公权力外部的类型具有行贿、受贿等较为明显的腐败特征。

处在社会转型期的中国,新的利益集团随着市场经济的发展而不断产生,它们试图获得利益诉求的表达渠道。但是,在社会转型期进行利益分配和公共政策制定的权力归属于公权力。因此,新产生的利益集团在表达利益诉求时往往会倾向于通过贿赂公权力或与之结盟来达到自己的目的。当然在这个过程中，如果新产生的利益集团通过贿赂等手段成功收买公权力，最终遭受损失的往往是普通民众。普通民众作为一个分散的利益共同体也应该组织起来反对损害自己团体利益的行为。但因为自主意识、受教育程度等差异，加之转型期对自由结社等行为的规制，普通民众很难组成有效的利益集团去与新兴利益集团进行某种程度的平衡。在多元主义看来，充分的博弈会使利益集团达到某种程度的平衡，而这种平衡恰恰反映了公共利益。而在转型期的中国，因为利益表达机制、利益博弈机制等的不完善，利益集团在维护自身利益的时候往往采取各种手段，当然也包括不合法的手段。旧有的利益集团会通过与公权力的天然亲近性进入公权力内部，或通过并不显现的利益交换，在公共政策的制定过程中，制定对其有利的政策。新兴的利益集团则可能通过贿赂公权力或扶持代言人的方式进入到政策制定的过程当中，试图使公共政策发生"公共性"扭曲，进而牟取不当利益（肖菲，2010）。由于在中国公共政策包括人大和政府所制定的法律法规，所以政策制定过程中所出现的公共政策公共性流失现象，也囊括立法腐败。本章所选取的典型性案例是2008年发生的"郭京毅案"。之所以选取这个案例在于这个案例符合本章所论述类型的特征。其一，"郭京毅案"发生在政策的制定阶段。"郭京毅案"是商务部条法司前巡视员郭京毅（正局级）利用主导外资并购相关法律法规制定过程的契机，将企业的不合理主张或审批漏洞加入相关条款中，从而使得相关法律法规作为公共政策其"公共性"发生流失的案件。其二，"郭京毅案"发生的动力来源来自公权力外部主体。在对郭京毅的指控中有一条是郭京毅在2004~2007年收受贿赂110万元，在股权变更、反垄断审查等事项上为国美电器提供帮助（李丽，2010）。公权力外部的团体或个人的贿赂、收买是"郭京毅案"发生的动力来源。本章将从利益集团理论的视角对案例进行分析，试图论述在政策执行阶段利益集团如何影响公共政策制定过程中的公共性。在本章最后,会从社会转型的角度论述社会转型期哪些因素导致了利益集团之间博弈的失衡,进而导致了公共政策制定过程中的公共性流失。

4.2 源头捕获类型典型性案例——"郭京毅案"

4.2.1 "郭京毅案"简介

郭京毅于1986年进入原来的对外贸易经济合作部(现商务部)法律司工作,曾担任处长、副司长等职务。自参加工作后,他参与了相关法律法规的起草与修订工作。2003年商务部成立时,郭担任副司长职务,后在2007年晋升为正司级巡视员。在被调查两年后,郭京毅于2010年被二审判处死刑缓期两年执行,并被罚没所有资产。在庭审中,郭京毅被指控有四大犯罪事实。其中,对国美集团和苏泊尔集团的帮助是郭通过巧妙的操纵政策制定来实现的。

在国美一案中,郭京毅利用权力修改了外资投资商业领域的管理办法,使得黄某某以域外资本的身份掌握了国美的大部分股权,并借壳上市。国家关于域外资本在税收等方面的优惠,本意是为了吸引外资。但黄某某将境内资本转移到海外,再以外资的身份进来,显然是在利用政策的漏洞。在管理办法修改以前,这个错误本来是可以避免的。原来的试点办法是域外资本一般不超过49%,如果超过65%需要国务院的同意。郭京毅在黄某某的金钱攻势下修改了原来的试点办法,为黄某某牟取不合理收益打开了口子。这种对于管理办法的操控,具有极高的技术性,因此使得外部监督变得困难。

苏泊尔集团在被法国赛博(SEB)集团收购的过程中,本应该实施的垄断审查,因郭京毅在政策过程中"高抬贵手"而使得一个重要的国内品牌变成了外资控制。这种行为对于公共利益的影响也许不是那么立竿见影,但从长远来看,国外强势企业对于国内品牌的兼并,会使得国内原本处于发展上升期的相关行业遭受重创。当时赛博对于苏泊尔的收购，受到了国内其他炊具企业的抵制。不同的利益集团之间的博弈，需要在公平环境的保障下，才能实现帕累托最优或者说是博弈平衡点。没有一个良好的制度做保障，不免会出现劣币驱逐良币的现象。

4.2.2 "郭京毅案"中公共政策公共性流失的表现

法规的制定、法规适用标准的解释，是郭京毅曾供职的条法司的主要职责。在商务部印发的《商务部各司（厅、局）主要职能和内设机构》的通知里，该司具有九项职能，其中最重要的两项职能是贸易投资方面的立法和国际经济合作方面的行政法规设置（商务部，2003）。郭京毅利用这些部门职责创造了一个巧妙的腐败机制：企业在遇到问题后会聘请律师，而律师是主管此问题官员的密友或亲信。通过律师的牵线搭桥，企业能够将自己的意图向主管政策制定的官员表达，并送上不菲的贿赂。官员则报之以李，在相关政策的制定过程中将行贿企业的意图写进政策或预留出政策操作空间。这样就会形成律师、官员、企业三方都受益，而公共利益却难以保障的局面（郑娟娟，2011）。因此，"郭京毅案"是一种具有系统性特征的腐败案，与文献回顾部分所论述的机构性腐败有相似之处。机构性腐败的系统性特点主要体现在两个方面。一方面，机构性腐败产生的原因是系统性的。不同于个体、偶发因素是主要原因的个体性腐败，机构性腐败多来自机构自身的缺陷与不足。另一方面，机构性腐败所产生的影响更具有系统性。个体性腐败多是孤立的不当行为，其所产生的影响往往局限在一定的时间和空间范围内。而机构性腐败多是长期、反复发生的不当行为，其会带来更为广泛且系统的影响。较之个体性腐败所带来的结果是腐败个体被否定，机构性腐败所带来的后果是机构会面临质疑（杜专家，2015）。

郭京毅一案中比较典型的利用政策制定来牟取不当利益的例子是，在郭京毅的运作下，商务部于2004年4月颁布了《外商投资商业领域管理办法》，该办法放开了外商投资商业企业的股权限制。之前的《外商投资商业企业试点办法》规定，外商投资商业企业的上限一般不超过49%，如达到65%及以上需要国务院批准。《外商投资商业领域管理办法》通过后不久，黄某某掌控的香港上市公司中国鹏润以83亿港元购得国美上市部分65%的股权。借助此次交易，黄某某成功登上国内首富的宝座，而助力黄某某登顶的人正是郭京毅。2006年7月，国美电器欲收购永乐电器，此次收购需要经过商务部的反垄断审查。被国美贿赂过的郭京毅正是时任商务部反垄断调查办公室副主任，他参与了此次交易的反垄断审查过程，并为国美一路保驾护航，使得这个收购案顺利获批。《外商投资商业领域管理办法》的出台可以说是为了迎合个别企业而开的"绿灯"，使其作为公共政策的"公共性"难以保证。在这个案例中，郭京毅巧妙地运用自己掌握的修改法律的权力为利益输送者修改法律。郭京毅等参与制定的"10号文"，即《关于外国投资者并购境内企业的规定》于2006年出台，并由商务部、证监会、国务院国资委、国家外汇管理局、税务总局和工商总局联合公布。"10号文"虽然对并购行为进行了进一步规范，但其中的一些关键条款存在着不确定性，如"境内企业"此类条目在实际执行过程中的具体界定需要由商务部来定夺。这种规定的模糊性为寻租提供了空间。

郭京毅不但利用制定公共政策的权力来牟取私利，而且也利用了公共政策制定权力的延伸——对公共政策的解释权来攫取不合法收益。一个典型的事件是，2006年，在苏泊尔被法国厨具企业赛博收购的过程中，多家炊具企业联合发表紧急声明，要求政府部门严格审查这一可能危及国内厨具企业生存的并购案。迫于压力，同年9月，对于这项收购案的反垄断调查被商务部启动，但很快审查便结束。仅8个月后，苏泊尔便被赛博成功控股。2006年10月，通过律师张某某（张某某为某律师事务所主任，因向商务部外国投资管理司原副司长邓某行贿179万余元，向郭京毅行贿78万余元，被北京第二中级人民法院一审判处有期徒刑6年），苏泊尔电器的老总苏某某与时任商务部反垄断调查办公室副主任的郭京毅成功会面，并在向其承诺好处后得到了郭京毅"这次收购是个好事，一口锅影响不了国家安全"的保证。在这次并购案中，张某某从苏某某处得到了100多万元的高额"代理费"，而郭京毅也在反垄断案通过后先后拿到了10万元的银行卡和20万元的现金。这种利用对公共政策的解释权而牟取私利的做法严重损害了相关公共政策的公共性。

为了某些部门或地区的利益，这些部门或地区的主管者会倾向于通过主导政策制定来为自己的利益"跑马圈地"。这会使得立法权在某种程度上异变为特殊利益集团维护非法利益的保护伞。在"郭京毅案"中，由于郭京毅在外贸和投资相关的法律法规的制定及修改中扮演着责任人的角色，因此其违法行为对相关外资并购项目会产生较大影响。而这种保护机制若成为常态，那么人们便不会通过坚实的努力或高效的创新去更好地提高或提升劳动产出，而是试图通过附会权力来提升自己的比较优势。

4.3 案例分析

4.3.1 政府捕获的视角

某些特殊利益集团能够通过"俘获"政治系统来使其为自己提供有利的政治系统"输出"。它们往往通过与政治系统内部人员结成利益同盟或通过控制政治系统内部的人事安排，来达到操纵政治系统的目的。有学者使用规制俘获理论（Capture Theory of Regulation）或政府捕获（State Capture）这个概念描述并解释这一现象。规制俘获理论的奠基人美国经济学家施蒂格勒（Stigler）就指出政府规制是特殊利益集团实现其收益最大化的产物，他认为公共政策的制定往往会受到某些利益集团的影响（Stigler，1971）；促使政府管制的正是管制对象本身，或是其他有可能从中获利的利益团体，即政府管制者通常会被受管制企业所"俘获"(杜专家、倪咸林，2015)。

　　2006年8月，在准备赴香港上市的过程中，国美想要通过收购香港永乐公司借壳上市。虽然当时国美和永乐公司都是港企，但两个公司的权益都在内地，所以这次收购需要经过商务部的批准才能通过。当时，与国美有竞争关系的企业申请商务部进行反垄断审查。但作为这次反垄断调查的政府规制部门——商务部条法司，其负责人却早已被国美公司"捕获"：早在2004年国美股权审批时，国美公司的投资关系部部长便找到了时任条法司副司长的郭京毅，并在2005年或2006年春节给其送了10张银行卡，每张卡里有1万元人民币，希望郭在有关事项上提供帮助。最终，在公告期内国美顺利地通过了商务部的审查。"郭京毅案"中的政府捕获现象的发生与商务部条法司拥有政策制定、政策解释的权力不无关系。

　　当然，这种捕获现象的发生也与中国尚处于转型期，一些领域存在着公共政策的空白有关。在"郭京毅案"所涉及的新飞电器合并案中，就能很清楚地看到这种政策空白领域为公共政策公共性流失提供空间的情况。1998年，新飞公司为了缩短等待合并公告期满的时间，找到了时任外经贸部条法司投资处负责人的郭京毅，因为在公司向外资司提出申请时，外资司告之新飞公司这种情况涉及法律问题，应该去向条法司申请。新飞公司向某律师事务所的律师张某某(郭京毅的同学)支付了20万元代理费，让张某某作为代理人向条法司进行申请。曾接受张某某贿赂的郭京毅同意了新飞公司的方案，并鉴于此前没有相关的政策，让张某某按照方案向条法司提出申请。在条法司大开政策绿灯的情况下，外资司很快批准了申请，这样新飞公司的合并在公告期满之前便顺利实现。从上述案例中可以看出，公共政策制定的关键在于两个方面：一是政策目标及其优先序的选择；二是实现政策目标的路径的选择和组合。客观上，政策制定参与者可以通过沟通或协商在其核心决策层确定政策的目标及其优先序和工具组合，然后运用其权威以科层制的方式传达到政策的实施层面。在政策实施层面，基层政权会同样以沟通或协商的方式来解读政策的目标，并在政策实施过程中选择相应的工具。并且，有时核心决策者和基层政策实施者还会就政策目标及政策工具选择及实施强度展开讨论或协商，一般而言，除了那些目标本身就很模糊的象征性政策外，政策核心决策者对于政策目标机器优先序的确定具有较高的权威，而且对政策工具的选择也不一定受地方政策实施共同体压力的影响。但是，地方政权对于政策工具的选择在一定的范围内会被政策核心决策者鼓励和倡导，即所谓的地方层面的政策创新，其实这是政策制定在地方层面的再制定过程。不过，地方层面在重新界定政策的时候需要策略性和技巧性地运用沟通与协商的方式以获得政策核心决策者的认同和支持，因为这样会降低基层政策实施的难度。

按照罗伯特·达尔（2003）提出的多元主义集团政治理论的解释，政府应该在政治过程中保持中立，其任务在于保证所有的利益集团能够公平地参与政治进程。政治权力的配置是各利益集团充分博弈的结果。因此，多元主义理论家们认为利益集团之间的讨价还价并最终达成妥协一致，可使政治决策能够反映民众的利益。精英主义学者和其他流派的政治理论家并不认可利益集团利于政治制度的观点，他们认为政府并不能保证各个利益集团能够平等地进入政治过程；精英是所有重要决策的操控者；新兴的利益集团很难有机会进入政治决策过程；多数民众鲜有机会参与决策过程，政策常常成为特殊利益集团创造特权的工具。在集权型政府模式下，政治民主化的需求受到了人为的压制，因此要维护民众的公共利益，不可能单单依靠执政者或少数高层领导的公正、廉洁，必须依靠利益集团之间的相互作用和博弈去满足多元社会的需求。政府作为中立者应是利益集团冲突的调解者，保证各个利益集团能在规则允许的范围内参与竞争，以使其最终行为能够有利于公众。

然而，公权力作为一种稀缺资源，不是人人所能同时拥有的。一旦公权力的掌控者背弃了权力授予者的本意，摆脱了应有的约束，他们会使公权力变成牟取私利的工具,并使得其他利益群体很难再有与之公平竞争的空间和能力。换言之,特殊利益集团的出现使得靠公平竞争来获得社会资源的规则被打破,它的成员构成的特殊性、可利用资源和渠道的特殊性、影响能力的特殊性都决定了它有着一般性利益集团所难以匹敌的竞争优势。利益集团之间如在一个政策议题上发生分歧,政府官员需要在这些互相冲突的需求中有所取舍或进行协调。与缺乏组织、资助的一般利益集团相比,那些有着特殊关系以及雄厚资金背景的特殊利益集团更容易取得大的进展。即使一般性利益集团能获得利益表达渠道,它们也不可能成为有效的制约力量。

郭京毅被调查之后,商务部外国投资管理司邓某、国家工商总局外商投资企业注册局刘某、某律师事务所律师张某某等人先后被调查。这些人有的是掌握外资方面有关法律、法规制定以及修改权的高级官员,有的是多次参与起草外资方面相关法律法规规章的法律顾问,都可以称得上是资深的法律精英。他们几乎垄断了近年多部利用外资方面法律的立法相关事务,并在此过程中接受利益相关者的贿赂,被视为典型的"精英腐败"(潘洪其,2010)。

政策制定过程中精英模式的存在也为国家俘获提供了便利,因为俘获一个人比俘获一群人或一个机构更容易实现。精英模式理论认为社会可以分为三个层次。最下面一层是社会大众,他们是政策的目标对象。中间一层是管理者,他们是政策的执行者。最上面一层是精英阶层,政策正是由他们制定的。精英模式体现出了在政策制定中上层精英的重大作用与影响以及广大公众的被动性。

应当看到,在实际的政治运行过程中,精英操纵政策制定的现象并不鲜见,精英阶层往往更加具有专业的知识背景,而且精英阶层可以通过控制媒体,来影响社会大众。另外,社会大众较低的受教育水平和事不关己、高高挂起的冷漠政治参与心态也使得政治精英在民主国家一样有着巨大的影响力(王满船,2004)。精英决策模式的存在使得在转型期的中国，政府被俘获的现象更容易发生。

4.3.2 腐败的视角

政府捕获的实现往往意味着腐败的发生。而腐败机会的出现意味着对公共权力制衡的失效，即公共权力偏离了"公权公用"的轨道，滑向了"公权私用"的歧途。公共权力制衡失效的原因可以归结为三类：一是政治竞争的缺乏；二是政府内部相互制约机制的缺乏；三是社会监督的缺乏。

英国思想史学家阿克顿的名言"权力导致腐败，绝对权力导致绝对腐败"较为直接地指出了政治竞争的缺乏对于腐败产生的影响。在这里需要分析的是，是什么导致政治竞争的缺乏或者说是什么导致绝对权力的产生呢？绝对权力是一种独断的权力。这种独断的权力通常被称作"专制"。就人类社会的政治形态的发展历程而言，民主是先于专制的。在原始社会中，政治从整体上看是民主的：由部族或部族联盟所结成的氏族社会有民主属性。专制的起源可以归结为两个方面：一方面是前面已经论述过的人性；另一方面，是社会群落必然要求一个领袖人物的出现（王海明，2007）。这两方面因素相结合所导致的结果就是专制的产生成为人类政治社会发展的必然。

当体现政治民主的政治选举完成以后，如何保障政治运作过程的民主，是政府内部相互制衡所要解决的问题。虽然现代民主国家的政治竞争并不缺乏，但应看到政治腐败的现象并没有从这些国家根除。是什么原因导致在有政治选举的前提下仍然存在腐败的问题呢？政府内部相互制约与社会监督的缺乏是主要原因。政府内部的相互制约包含两个方面：一个方面是政府内部的横向制约；另一个方面是政府内部的纵向制约。

较早明确提出政府内部横向制约的学者是法国思想家孟德斯鸠（2008），其在论述政治自由与政治制度的关系时，指出了立法权、行政权、司法权三种权力无法有效制衡所带来的后果："当三种权力及法律的制定权、公共决议执行权、私人犯罪或纠纷裁判权，为同一个人或者同一个机构（它由权豪势要、贵族或平民百姓组成）所掌握或行使时，那么一切都将走向灭亡。"纵向制约则包括，政府高层对底层的制约与政府底层对政府高层的制约。高层对底层的制约在马克斯·韦伯论述的"科层制"概念中有着充分的展现。马克斯·韦伯在对科层制的定义中强调"管理权力层层分布，形成一个金字塔式的等级体系；建立一套组织成员共同遵守的严密的规则体系，组织的决定应符合规则和程序"（孙国华主编，1997）。高层对基层的制约在某种层面上是"执行力"的体现，而"执行力"所对应的是"效率"一词。因此，提高政府的"效率"是解决政府高层对底层制约的有效手段。在一些已经实现选举民主的国家，腐败的发生常出现在政策的执行阶段。建立能充分体现"科层制"要求的"文官体系"对于实现政府内部高层对底层的横向制约具有重要的意义（于晓虹、李姿姿，2001）。在政府上下级关系上，应包含制约的因素，既包括上级对于下级的制约，也应包括下级对于上级的制约。

4.4 社会转型期利益集团对公共政策公共性的影响

在博弈理论看来，博弈参与者之间的充分博弈会实现帕累托最优。同样，在完善的市场经济条件下，利益集团之间的充分博弈会实现市场对资源最优的配置作用。但在"郭京毅案"中利益集团之间并没有形成充分的竞争，而是特殊利益集团凭借对公权力的收买或结盟实现了对公共政策制定的主导，并导致了公共政策本应具有的公共性的流失。在国美收购永乐、法国赛博公司收购苏泊尔的过程中，虽然同行业竞争企业提出垄断质疑，但在商务部条法司负责人郭京毅被收买的情况下，相关审查都流于形式，甚至出现了为企业量身定做政策的情况。在此不禁要问，社会转型期哪些因素为特殊利益集团不合理地影响公共政策提供了土壤？

首先，在向健全的市场经济体制迈进的过程中，一些旧体制因素被特殊利益集团用来作为牟取不合理收益的工具。市场经济建设的过程不会一蹴而就，需要不停地解决发展中产生的问题。旧的经济体制在有主客观条件支撑时，其不会主动退出历史舞台，并会对新经济体制的发展与运行产生阻碍。这种经济体制转型的阻碍不仅会对经济发展产生影响，而且会在政治、社会甚至文化等方面产生影响。经济以外的其他领域也存在着旧体制因素的影响，像医疗、教育、养老等领域的政策公共性缺失现象都不同程度存在着。这些领域的既得利益者或特殊利益集团往往以这些问题是历史问题，或新制度不完善等借口阻碍旨在实现公平、正义的改革的推进。旧有体制的惯性被某些利益集团用作维系自己既得利益的理由。

其次，在转型期，由于利益分化加剧、价值冲突凸显，特殊利益集团将意识形态作为改革的挡箭牌。随着改革的推进，个体利益从集体束缚中挣脱出来，这使得社会成员间的利益纷争更为明显。一部分人利用社会转型的契机，凭借公权力的庇护涉入市场活动，不劳而获或少劳多获，这使得转型期的利益冲突更为剧烈。对价值追求的多元使得人们面对政府某一项政策时，会显出不同，甚至截然相反的态度。在改革进入深水区后，一些改革之初早已达成的共识遇到了挑战，如怎样改革国有企业，如何充分发展非公经济等。凭借公权力而轻松牟利的特殊利益集团反市场化的声音加强。

最后，国家与市民社会在转型期的二元分立，使得特殊利益集团有空间能垄断政治支持。党的十一届三中全会以来，随着以市场经济建设为导向的改革的推进，中国的社会结构也随之发生了变化。

公共政策制定的过程是一个各种社会力量博弈的过程，同时也是不同利益集团试图以各种形式来影响政策制定进程，从而实现本集团利益最大化的过程。利益集团干预或影响公共政策的制定是西方国家政治中常见的现象。有学者指出，认识利益集团是认识西方国家政治制度，了解西方国家公共政策过程的重要前提（刘恩东，2008）。公共政策是各利益集团之间在博弈基础上形成均衡态势的产物。由于现代国家的合法性是建立在公共利益基础之上的，所以公共政策也就体现为实现公共利益的一种手段，其公共性凸显出来。艾伦·伊美古特（Ellen M. Immergut）认为在行为主义分析范式主导下，政治科学和政策研究是以社会为分析中心的（Immergut，2006）。这种以社会为分析中心的研究路径逐渐发展成了政策研究的"多元主义模式"（Pluralist Model）。有学者明确提出公共政策是团体或公民偏好自然平衡的结果（朱德米，2014）。在"郭京毅案"当中我们并没有看到"多元主义模式"所论述的形成"偏好自然平衡"。那么为什么在社会转型期的中国利益集团并没有像经典理论里阐述的那样相互制衡、相互博弈？要回答这个问题，需要首先厘清其出现和发挥作用的机制。

利益集团的产生和存在有其必要性，其理性参与公共政策制定或执行有利于政策过程的民主化和合理化。利益集团的产生与社会利益的多元化有关，多元利益的存在必然会导致利益诉求的多元化，而利益集团正是人们进行意愿表达或利益诉求的载体之一，即具有相同或相似利益的群体组成特定团体，以便于诉求声音的集中或扩大。在民主制度和社会秩序的约束下，作为政治参与者的利益集团，能够通过有效的利益表达和均衡机制来维持社会张力的平衡，从而有利于社会的发展和平稳运行（彭萍萍，2010）。利益集团能在以下几个方面对公共政策过程产生影响：其一，利益集团能够整合人们的利益诉求，并在政策启动阶段进行利益表达；其二，利益集团之间的竞争、博弈使政府决策能够反映不同的利益集团的意志，有利于政府决策更好地平衡各方诉求；其三，在政策的实施过程当中，利益集团能够参与到对政府执行政策过程的监督中，使其不偏离既定政策目标。正如查尔斯·E. 林布隆（1988）所说："他或她并不会满足于只是将即将实现的政策制定之权交给官员，而且还希望将监察和影响官员的权力委托给利益集团。在某些人看来,利益集团的监督功能是它的主要职能。它可以吹响警笛,进行揭发。"

利益集团是以何种方式以及在何种程度上影响政策决策者对于公共政策的制定?一种观点认为利益集团是相对"被动的",只是意识到自身是由特定共同利益或情感的人群组成,但未必会行动起来实现或谋求对政策施加影响。比如美国的开国元勋麦迪逊就对利益集团持负面看法,认为他们只是具有某种共同的情感或受利益驱使而联合起来的一定数量的公民,并且他们的利益是同其他公民的权利或社会的长远利益相左的。而另一种观点则认为利益集团是相对"主动的",会积极干预政治进程。在戴维·杜鲁门(David Truman)看来,利益集团是一个积极对社会施加影响的团体。社会群体会选择成立或加入某一利益集团,来更强力地发出自己的声音(Truman, 1983)。

罗伯特·达尔(2003)也提出了类似的看法,即利益集团是有着共同的目标,且倾向于共同行动的一群人。当然"主动的"利益集团对于政策过程的影响程度也不同:利益集团的组成程度化越高或可以动用的资源越多,则其影响政策过程的力量也就越强。能够获益的或收益集中的利益团体更容易形成强有力的组织,而那些利益分散的群体则可能会保持被动或无组织的形态(孟天广,2012)。这也验证了"郭京毅案"中为什么诸如国美这样的企业会形成强势利益集团,而利益受损的一方却无法与之形成强有力的对抗。同样,从成本承受的角度分析也会得出同样的结论:利益分散的或受损不大的利益集团和受损很大或成本集中的利益集团相比,前者缺乏形成组织化的动力,而相反,后者则会有强烈的动力去采取集体行动。所以利益或成本集中的利益团体对公共政策制定的影响强度会显著地超过那些利益或成本分散的利益集团(赵德余,2006)。由此,可以看出在"郭京毅案"中为何有的利益集团很强势,而有的利益集团即使利益受到损害却依然保持沉默。

美国建国初期,制宪者们就在担心"党争"所带来的不稳定和不公正。詹姆斯·麦迪逊（James Madison）认为利益集团有着自私的一面，从这个角度出发，他认为利益集团应该被限制（Madison，1788）。阿瑟·本特利（Arthur Bentley）在其1908年发表的《政府过程》一书中认为，社会由各类利益集团组合而成；政府过程是利益集团之间的相互作用，并最终形成反映民众呼声的政策（Bentley，1908）。公共领域所涉及的问题都是利益集团的力量在起作用。戴维·杜鲁门将麦迪逊和本特利的观点进行了综合，认为利益集团是彼此主张较为一致的群体，利用对于政府的影响力来向其他的利益团体提出自己的利益主张或利益分配方案（Truman，1983）。此后，在沿袭本特利和杜鲁门研究的基础上，罗伯特·达尔（2003）也提出了类似的看法，即利益集团是一群为了共同的利益或共同的责任而共同行动的人，并在此基础上提出了多元主义理论。多元主义理论认为，利益的多元化反映在政治上也表现为多元化：一方面，利益集团为了各自的利益都希望自己能尽量少地受政府的约束，从而拥有更大的自由权；另一方面，各利益集团又试图影响政府决策，从而让政府能制定有利于各利益集团自身的政策。所以，政府与利益集团之间既可能产生合作，也可能形成矛盾对立。

曼瑟·奥尔森在《集体行动的逻辑》一书里着重探讨了集体行动的困境，并在此基础上形成了他自己的利益集团理论。奥尔森在梳理先前学者对集体行动的相关研究文献时发现，在解释经济行为和政治行为时，两种逻辑同时存在：政治上表现为集体行动逻辑，即集体的利益促使理性的个人加入集体，而在经济上则表现为个人逻辑，即理性人都是以自己的利益为出发点的。奥尔森并不认可以上观点，他认为理性的个人并不一定会导致集体行动的实现。奥尔森认为人们的政治行为和经济行为并没有本质上的差别，因此可以将经济学中的理性人分析带入到对政治行为的分析中去。他通过对大小利益集团进行成本收益分析（Cost Benefit Analysis，CBA）得出结论：小的利益集团会为它的成员带来更大的收益，而大的利益集团则不然。大的利益集团对实现个人利益的帮助要小，这主要基于以下原因：其一，利益集团越大，个人所能获得的激励性收益将越小；其二，利益集团越大，则组成成本就越高；其三，利益集团中的小利益集团会因收益小而降低负担的成本。对大利益集团和小利益集团的区别分析，使得奥尔森相信小利益集团在提供公共物品和集体行动中比大利益集团具有更大的优势（Olson，2009）。

在 1981 年出版的《国家兴衰探源》一书中，利益集团被奥尔森视为经济发展的阻碍因素，他将政治领域的利益集团称为"分利联盟"（Olson，2008）。这种类型的利益集团通过游说等非生产性活动试图对财富的分配产生影响，使得各种资源离开经济领域而流入非生产性领域，这在造成时间空耗的同时，抬升了社会运行的成本。总的来说，"分利联盟"或特殊利益集团会降低社会运行效率，影响经济增长。在奥尔森看来，政府应承担好"守夜人"的职责，保障人们的生命和财产安全，维护好秩序，保障契约的执行，从而保障经济的持续发展。此外，奥尔森给出了经济发展的两个必需条件：个人财产权的确定和保护以及政府为经济发展所制定的政策能得到执行。在他看来，政府需要为自由的市场经济保驾护航，利益集团的削弱乃至被铲除是经济发展的幸事。

通过对"郭京毅案"的分析，我们看到了那些试图通过行贿干扰公共政策制定，进而导致其公共性流失的情况。因此，在社会转型过程中，我们要直面和正视利益集团的存在，通过建立和健全相应的法律法规来防范其对公共政策公共性的潜在威胁。"郭京毅案"当中，相关部门对外资并购、垄断审查等法律法规的制定和解释会引起诸如国美、苏泊尔等大企业的积极活动，而同样作为利益相关者的中小企业、工人组织却在这个过程中保持了沉默。由此可见，在中国转型期的政治参与方面，还缺乏完善的市民社会，缺少公民组织对利益集团尤其是特殊利益集团的制衡。

第 5 章 下游自发类型

公共政策在制定过程结束以后，就会进入政策执行流程。政策执行是公共管理活动的重要环节，关乎政策目标能否达成。政策执行阶段原则上要求执行主体不折不扣地依据法律、规定或决策办事。但在现实政策实践中，存在着政策执行主体的不作为或乱作为，并进而使公共政策公共性发生流失的情况。

5.1 下游自发类型特征

公共政策作为长期利益、整体利益的体现，在执行过程中往往面临着短期、局部利益冲动的挑战。一些政策执行部门对于政策制定部门的决策采取"阳奉阴违""见招拆招"的策略，使公共政策的效力大打折扣，"公共性"难得保障。有学者将这种政策执行中的公共性流失问题称为"政策执行鸿沟"（policy-implementation gap）——政策意图和实际结果之间存在很大差距的现象（定明捷，2013）。造成这种现象的原因是多样的：由于公共政策的执行需要面对不断发展变化的主客观环境，因此在执行过程中不可能完全做到的"照本宣科"，总是会发生一些偏离政策目标的情况。一些政策执行中的偏离情况是适度的，甚至是某种程度上的创新，但有些政策执行中的偏离是对政策目标的背离，或是规避。产生后一种情况的主要影响因素可以归结为两个：第一个原因来自公权力内部，即执行者受自身利益的驱使使政策执行发生偏差，包括部门利益、地区利益；第二个原因是执行者被贿赂、收买。

政策执行可以被视为政策制定一方与执行一方的交易过程。权力的让渡是这种交易的实质：政策制定者将实施的权力以及配置于既定政策的各种资源的使用权委托给实施者，这样，两者就建立起了某种程度上的委托—代理关系。政策执行过程往往充斥着政策制定者和政策执行者的控制和反控制，双方之间互动存在着不确定性。这种政策制定者和政策执行者之间互动的不确定性会抬升政策执行的成本：对于政策执行主体的选择，政策制定方需要投入大量的时间和精力，同时政策制定方还要考虑政策执行效率问题，及政策执行的监督问题。正如道格拉斯·诺斯所言，政治市场要比经济市场更易受到高昂的交易成本的困扰，因为存在着法案不被官僚们所实施等风险（North，1990）。本章所研究的这个类型的特点就在于公权力内部的政策执行部门出于对自己部门既得利益的维护，而增加政策的执行成本，进而使得公共政策的公共性在执行阶段发生了流失。

本章所选取的案例是"三网融合"困境。之所以选择这一案例是因为其符合本章所论述的公共性流失类型。其一，"三网融合"困境发生在政策的执行阶段。1998年，"三网融合"概念首次被提出。在这之后的数年中，由于广电部门和电信部门之间存在着激烈博弈，改革一直难以推进。直至2010年三网融合问题被时任国务院总理温家宝在国务院常务会议上提出，相关改革才再次启动。其二，造成"三网融合"困境的原因来自公权力内部——广电部门和电信部门围绕相关权力、利益的争夺。本章会从"碎片化威权主义"理论的视角对这个案例进行解读，论述部门利益是如何在政策执行阶段影响公共政策公共性的实现的。本章最后会将社会转型这个因素纳入讨论，着重分析社会转型中哪些问题导致了部门利益对公共利益实现的阻碍。

5.2 下游自发类型典型性案例——"三网融合"困境

5.2.1 "三网融合"的概念界定及提出背景

"三网融合"中的"三网"是指电信网、广电网、互联网（见图5-1），其融合意味着三个网络可以互相联通，共同承载原本分离的业务内容，其实质是网络资源和信息资源的充分共享。这样可以减少重复建设和运行维护的成本，使用户可以通过一个网络来获取原来三个网络所提供的服务（鲁帆，2015）。"三网融合"是科技进步、信息化发展的表现和趋势。数字技术的发展使得语音、图片、视频等都可以转化成"0""1"式的数字符号，这使得产业界限分明的电信业、广播电视业、计算机业在信息传输方面有了共同的特性，即数字性，其为三网融合的实现提供了可能性，并使得三网之间的差异日益模糊。在中国，因为行政体系的分划，其中电信网、互联网由工业和信息化部（以下简称"工信部"）负责监管，而广电网属于原国家新闻出版广电总局（以下

图5-1 "三网融合"概念示意

资料来源：根据"三网融合"概念自行绘制。

简称"广电总局")监管。所以"三网融合"在我国的实际表现形式就是工信部所监管的网络和广电总局所监管的网络的融合。

"三网融合"的概念在国内最早提出于20世纪90年代中期。虽然"三网融合"是指三个网络的融合，但落实到执行层面上，却只涉及广电部门和电信部门两家，所以其实质是两个部门业务的融合。关于"三网融合"由谁主导的问题，1998年爆发过"王方周"大论战。主张以广电有线网络为主导的代表，广电总局网络信息中心网络工程部主任方宏一博士认为，各地的有线电视网络虽然各自组网，但连接起来并不困难。因此，可以在各地有线电视网络并网的前提下，将电信内容经营权交给有线电视网络运行方，并在此基础上实现广电网络主导的三网融合。主张以电信为主导的代表王小强博士认为，可以将现有的电信网络和有线电视网络从不同的监管部门手中独立出来，由国家统一掌管，在此基础上，允许电信运营商和有线电视网络运营方租用相关网络。北京大学的周其仁教授也加入论战，他认为，两个网络可以"有条件重复建设，无条件竞争"。电信服务和有线电视服务可以允许双向进入，即彼此可以进入对方的业务领域。三者之间的论战虽然没有明确结果，但对中国三网融合的发展产生了深远的影响（邓涛，2011）。

5.2.2 "三网融合"政策的推出及其作为公共政策"公共性"的表现

国务院常务会议关于加快发展"三网融合"的决定作为国家行政机关的决策无疑属于公共政策的范畴，这个决定的"公共性"主要体现在以下几个方面。

第一，有利于知识经济的发展。随着科技的进步，知识经济正在取代工业经济成为世界经济发展的引擎。知识经济中的两个重要特点就是信息化和全球化。而实现信息化和全球化，通信工具包括通信网络的发展对于信息化、全球化的实现具有重要的意义。信息传输数字化技术的迅猛发展，为"三网融合"奠定了基础。要实现互联网，乃至"互联网+"的发展,"三网融合"是必然的选择。另外,"三网融合"的实施,为科技创新提供了广阔的空间,因为破除垄断行业樊篱的过程,也是技术不断创新发展的过程。

"三网融合"在全球快速发展,提升了社会信息化程度。通过"三网融合"技术,所有用户能借助任意一种网络获取信息服务。在"三网融合"阶段,传媒领域将迎来革命性变化。传媒内容的数字化,会使通信网络的传播、分享属性得到充分的体现。"三网融合"发展的趋势是信息网络的整合,实现人人都能获益的社会信息化。在发达国家,网络建设逐渐成为基础设施建设的一部分。随着新媒体的迅速拓展,"三网融合"经过多年发展已经基本完成。在中国,随着"互联网+"等网络经济模式的出现,"三网融合"将有效地提高劳动效率,推动经济增长。语音、数据以及视频业务的充分融合,将会拉动通信业硬件和软件的发展。此外,被制约的生产力会因为监管政策和监管架构的融合而被释放,相关行业的创新将会被激发出来。

第二,有利于打破垄断、降低社会整体运行成本。2013年3月5日,在十二届人大第一次会议上,温家宝在政府工作报告中强调利用高新技术改造传统行业的重要性。他指出,要"积极推动信息化和工业化融合,加快建设新一代信息基础设施"。凭借行业垄断而形成的利润是超级利润,这意味着这部分利润不是在"一分耕耘、一分收获"的公平模式下产生的,其结果就是有部分人不劳而获或者少劳多获。只有形成公平竞争的平台才能让这部分不劳而获或少劳多获的人失去存在的根基,从而能迫使其进入能够创造价值或能够创造相较原行业更多价值的领域。这不但会充实社会总体的劳动力,更能拉低社会总体的运行成本,从而在广泛意义上使社会的所有成员受益。

科技的进步使得电信产业和有线电视产业的自然垄断属性发生变化。电信网与有线电视网之所以在很长一段时间内成为自然垄断产业,是因为投资专用性以及显著的规模经济。技术的发展使得信息可以在更多的媒介上传播，这不仅改变了信息传输方式，也降低了信息传输成本，使得影响信息传输网络成本的主要因素不是传输距离而是网络利用率（金雪涛、程静薇，2015）。在网络传输技术进步和传输成本下降的背景下，原有的电信网和有线电视网的自然垄断性质弱化。这使得传统的规制框架成为一种制度障碍：一方面，电信网和有线电视网的硬性业务区分固化了市场边界，阻碍了资源的自由流动，使资源无法实现最佳配置；另一方面，电信部门和广电部门的双重规制增加了运营成本：当一个网络可以提供电信和广播电视服务时，需要获得两个部门的双重许可，这种双重规制增加了运营成本，抑制了市场活力。

作为知识经济重要基础的通信网络在人们的生产生活中发挥着越来越重要的作用。互联互通的网络正在改变着我们生活和工作的方方面面，对人们生活质量的提升有着重要的影响。尤其是移动互联网的兴起，使得人们在生活的各个方面对网络的依赖程度越来越大。人们越来越习惯于通过智能手机等移动终端来进行通信，获取新闻甚至是预约打车等活动。在当下网速日益提升的大环境下，如果"三网融合"成功，将大大提升网络的使用效率，从而降低网络整体的运营成本，进而能为"提速降费"提供空间。目前中国光纤资源利用率不高，有大量的资源还处在闲置状态。"三网融合"可以有效地激活这些闲置资源、打破行业垄断，进而有利于实现科学技术和社会治理等各方面的创新。"三网融合"为互联网、广电和电信三个行业在业务与技术上的融合提供了契机，使得原本分割的产业能够在新时期实现充分的竞争与合作。"三网融合"作为一个物理网络的融合，将为下一步网络内容的整合奠定基础。由此而开启的业务发展空间，将为互联网经济注入新的活力。

第三，"三网融合"有助于政府职能转变。"三网融合"，其无论从社会趋势、产业利益还是从用户需求出发，都能带来巨大的收益。但当部门之间因为利益而互相掣肘时，三网融合进程一度受阻。融合进程中出现的困难对政府责任的明确以及如何实现责任目标提出了挑战，这应引起理论界的重视。形成这种局面的原因是政府职能的不明晰：长期以来，我国政府在某些领域同时扮演着"裁判员"和"运动员"的双重角色，尤其在广电、通信等垄断领域。随着市场化改革的推进，虽然在有些领域，如通信领域，出现了一些有限制性的竞争，但政府伸向市场的"手"，并没有被有效规制，以致出现"三网融合"进程徘徊不前的局面。"三网融合"的实施，可以进一步促使政府厘清自己权力的边界，并有助于其职能从"裁判员"和"运动员"双肩挑向公正的"裁判员"这一本应担负的职责转变。借助"三网融合"的契机，广电的台网分离、企事分开将得以推动，其信息内容监管也将会面临新的要求。

"三网融合"有助于用户获得物美价廉的信息服务。同时，网络的融合不仅有利于信息内容的丰富，而且有利于实现信息传播的便捷化、全面化，从而产生巨大的社会效益。"三网融合"也有助于政府从管理为主走向服务为主，实现现代政府的职能转向（姚站军，2008）。

5.2.3 "三网融合"困局——政策在执行过程中的受阻

"三网融合"困局表现在两个方面：一是在制定政策实施方案时，工信部、广电总局两个部门发生争执，实施方案与政策目标之间存在差距；二是在政策的执行过程中，双方争议不断。

政策制定阶段所拟定的方案、计划，虽然可能早已经过反复讨论，但在执行阶段会有意想不到的问题出现，使得政策落实的难度增大。正如有学者所言，政策执行过程复杂而多变（Pressman and Wildavsky，1984）。在"三网融合"执行方案的确定过程中，广电总局和工信部双方五易稿件，最后才在领导的拍板下确定各自的"势力范围"。在2010年4月2日，广电部门和电信部门共同提交的试点方案第一稿中，两个部门在技术标准和实施方案上分歧严重，双方在宽带带宽要求方面也存在着难以调和的矛盾：电信部门提出城市8M带宽、农村2M带宽，而广电部门则提出 30M 带宽的方案。并且，在广电总局和工信部协商的第一份方案上并没有出现国务院满意的试点城市名单。经过对方案的调整，同年 4 月 26 日，两部门提交了试点方案第二稿，但两者的分歧并没有实质上发生变化。同年 5 月 11 日，国务院将第二稿方案退回并要求继续修改。到 5 月中旬时，双方递交了第三稿。在这一稿中，广电部门做出了让步，同意电信部门播放除了时政节目和直播以外的电视节目。但 5 月 21 日美国的"网络司令部"计划的宣布使得广电部门收回了相关放权，这也使得第三稿在 5 月 29 日被国务院否定。随后，第四稿、第五稿也相继被退回。

在第五稿中，工信部针对 IP 电话业务，提出广电部门只拥有基础建设权，不能享有号段分配权。广电部门希望获得宽带接入、IP 电话等业务，而电信部门希望获得 IPTV 的集成播控权，但双方都不想给予对方相应的进入权利，因此在同年 6 月 6 日召开的"三网融合"协调小组会议上，双方弄得"很不愉快"。时任国务院副总理张德江在主持协调小组会议时，果断终止广电部门和工信部门的争吵，确定了双方的"势力范围"（李琳等，2010）。在最终通过的实施方案中，内容集成平台依然被广电掌控，广电也取得了进入电信业务的资格，由此形成了不对称进入的格局：广电可以做电信业务，电信在一些新媒体内容制作方面可进入广电领域，但在主要传播路径上还是受到一定限制。这可以视为双方勉强接受的妥协性协议。

在实施方案上的争执，并没有在具体执行过程中得到缓解，甚至发生了关于版权的法律诉讼。2011 年 8 月互联网电视牌照持有方中国网络电视台（CNTV）在广州中院和南京中院分别对广东电信和江苏电信提起诉讼。CNTV 独家享有中央电视台所有频道和电视节目的网络版权。在 CNTV 看来，广东电信和江苏电信播出的内容并没有经过其准许。而两家电信商却认为，它们的节目从上海的广电部门——上海文广购买，是拥有播出授权的。

由上我们可以看出广电部门和电信部门不但在政策执行方案上存在分歧,在政策的具体执行阶段依然矛盾重重。双方站在维护自己部门利益的角度,阻碍了"三网融合"这个政策大目标的实现。

"三网融合"过程中广电行业和电信行业都具有行政垄断的性质。行政垄断是以政策的形式,对某一项活动特别是经营性活动形成不合理垄断,从而形成垄断性收益。这种垄断性收益是对市场经济建设的一种损害。因为市场作为经济活动的中心,能够自发调节供需,能通过加大供应来降低相应物价的水平。但垄断的形成,使市场无法充分发挥调节作用,进而使得劳动无法做到等价,即"一分耕耘,一分收获",因为某些人会凭借垄断的庇护,而少劳多获,甚至不劳而获,这会导致社会总体成本的上升。

如何判断一种垄断活动是否合理呢?要回答这个问题首先要厘清什么是自然垄断。

自然垄断这个概念最早由约翰·斯图亚特·穆勒提出,他认为地租是自然垄断的结果。在他看来,作为最重要的生产要素,土地的地位是其他要素所不可替代的,而地租正是产生于这种对土地垄断的权力。依据穆勒的观点,自然资源的不可替代性和排他的所有权属性,是自然垄断产生的重要原因(Mill, 1865)。

对于自然垄断是否需要政府规制的问题。有学者认为政府规制自然垄断对于规模生产有利,可以有效地集约生产,增强对于资源的有效利用,保护消费者的利益。理查德·T. 埃利(Richard T. Ely)等则认为不是所有的自然垄断都需要政府规制。他们将自然垄断分为三种类型:①依靠独一无二的资源所形成的垄断,比如拥有某种稀有的矿藏;②凭借信息独占特权形成的自然垄断;③大规模基础设施建设所形成的自然垄断,如电力供应、铁路建设及运输等。埃利等认为以上三种类型如果存在无法形成有效市场竞争的局面,则政府的规制是需要的。但如果存在双头垄断或多头垄断的局面,则政府的规制越少越好(Ely and Adams，1908）。换言之，政府的规制是为了使自然垄断不至于失去控制，而不是相反。厘清以上人们对自然垄断的认识之后，我们可以总结出自然垄断所必需的条件，或者说什么情况下，自然垄断是不可避免的。

当然，回答这个问题也可能是困难的。因为，随着时代的发展，自然垄断的边界在不断地发生变化。在 20 世纪 30 年代所发生的经济大萧条之后，对经济积极干预的"凯恩斯主义"逐渐获得认可。政府积极地干预市场，主导了很多大的基础设施建设。在当时看来，自然垄断在经济活动，尤其是在基础设施建设等基础活动中扮演着不可或缺的角色。但国有垄断的一系列弊端，如低效、腐败等问题不断凸显。新自由主义在 20 世纪 80 年代，随着撒切尔和里根的登场而走上历史舞台。国家规制的自然垄断的边界随之退缩。由此可以看出，自然垄断理论是不断变化发展的（杨艳，2002）。因此，自然垄断并不能成为广电部门或电信部门试图维护自己"势力范围"阻碍"三网融合"进程的理由，因为原来支撑其垄断的因素在逐渐地退出历史舞台，而新技术的产生为竞争提供了更好的条件。

在笔者对北京某居民小区和山东某乡村的实地调研过程中，也发现了"三网融合"中的一些具体问题。

在 2016 年 1 月对北京某居民小区的调研过程中，笔者发现这个小区的电信运营商——中国联通，虽然提供 IPTV 服务，但 IPTV 所提供的电视直播节目中却没有中央电视台 3、5、6、8 频道。[①] 这极大地影响了用户对广播电视服务的选择。在调查原因时，笔者曾致电北京联通的工作人员，工作人员表示关于中央电视台 3、5、6、8 频道的播出权问题正在和广电部门进行积极协调。在调查使用 IPTV 的用户时，他们也对于四个频道的缺失感到很不解。针对一位被访谈者所谈到的问题，笔者查阅了有关资料，整理出了广播电视产业收入的主要构成情况（见图

---

① 中央 3 套是综艺频道；中央 5 套是体育频道；中央 6 套是电影频道；中央 8 套是电视剧频道。

5-2)。从图中的情况我们可以看出网络收入只占全部广播电视产业收入的两成不到,而且这两成不可能全部返回到电视台用于节目制作。因此,笔者在这里也有相同的疑问,在广告收入是广播电视产业收入的主要来源,即收视群体越大收益越高的情况下,限制除广电外的其他传播渠道播放电视节目的意义到底在哪里?笔者曾根据国家新闻出版广电总局网站提供的联系电话,试图就这一问题展开咨询,但遭到对方拒绝。

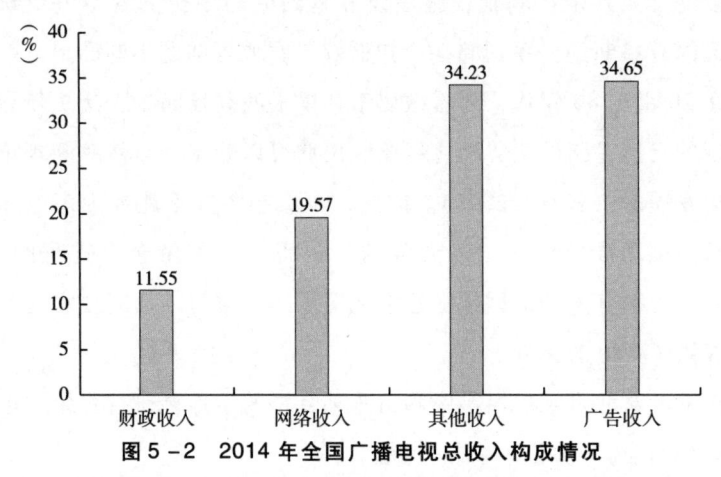

图5-2 2014年全国广播电视总收入构成情况

（财政收入 11.55，网络收入 19.57，其他收入 34.23，广告收入 34.65）

资料来源:笔者根据《中国广播电视电影发展报告(2015)》中的数据自绘。

在2016年2月对山东某农村"三网融合"情况的相关调研过程中,笔者发现电信部门和广电部门虽然有一定程度的合作,但双方并未实现完全对等进入,主要表现在以下两个方面。一是当地电信提供商——山东联通,所提供的IPTV对接的是CNTV平台,但该平台所提供的央视节目都是标清的,而不是高清的。与之相对比的是,当地有线电视服务提供商提供的央视频道里却包含高清频道。这是被调查者在选择使用联通IPTV服务时非常关注的一个问题。因为随着农村生活水平的提高,很多家庭都使用了格式为16:9的宽屏电视。如果宽屏电视接入的是标清4:3格式的信号的话,画面会被横向拉伸,使得电视图像画面不协调。二是当地有线电视服务提供商，也提供 10M 宽带接入业务，但被调查者反映有线电视提供商所提供的宽带服务并不稳定，实际网速和声称的网速之间存在差距。

笔者调查相关背景资料后发现，我国目前 IPTV 主要是通过广电部门提供内容、电信部门提供传输网络的分工合作模式展开的。比如拥有 IPTV 牌照的百视通公司和中国电信的合作，还有同样拥有 IPTV 牌照的 CNTV＋地方电视台＋中国联通的合作。前一种模式是广电与电信联手合作的模式：在电信部门提供基础的网络服务的基础上，广电部门提供机顶盒等接收设备。双方在此基础上，对收入进行分成。这一模式已经在上海和黑龙江得以开展。后一种模式是"CNTV＋地方电视台＋中国联通"的模式，有些地区为了减少地方广电部门的干扰，而将地方广电也纳入合作体系，采取了"地方广电＋CNTV＋地方电信"三者合作的模式。IPTV 业务的启动虽然在一定程度上提升了"三网融合"的水平，但这种与地方广电妥协的做法，使得"三网融合"实现有效降低用户资费，充分利用网络资源的政策目标并没有完全实现。

综上可以看出，"三网融合"政策的执行虽然已经启动，但在执行的过程中依然面临着很多问题，形成了政策执行的困境。这种困境既体现在政策实施方案的确定过程中广电部门和电信部门对主导权的争夺上，也体现在实际执行场景中。"三网融合"作为新事物逐渐被普通民众接触到后，人们希望"三网融合"能真真切切地给他们的日常生活水平带来质的提升，希望能够借助广播电视网、电信网和互联网的"三网融合"使三大网络相互渗透、互相兼容，最终能为用户提供多样化、个性化、一站式服务。

5.3　案例分析——碎片化威权主义的视角

通过上一节的案例呈现，我们可以大体看出"三网融合"困境的现状。在本节,笔者将结合"三网融合"的发展过程,以及过程中广电总局、工信部两部门之间的互相博弈来分析"三网融合"困境出现的原因。

5.3.1 "三网融合"困境案例中广电总局、工信部两部门的分歧

从前面的案例呈现我们可以看出,对于"三网融合"问题,中央政府已经摆明了积极支持的态度,并有着明晰的政策目标。但与之形成对照的是,广电总局、工信部两部门和学者间对如何实施"三网融合"战略这一问题却有着不同的理解和策略,并形成了不小的分歧。广电总局、工信部两部门之间的分歧主要体现在以下几个方面。

一 网络主导权之争

"三网融合"是个大概念,在中国,具体到"相关"部门,其实就是两个部门之间的问题。三网中的两个网已经实现了融合,即电信网和互联网,两者同被电信部门所掌握,主要是中国电信、中国联通、中国移动三家运营商。由此可以看出,"三网融合"的主要问题是电信部门和广电部门之间的利益冲突。"三网融合"计划实施的最大障碍是电信部门和广电部门都想获得"三网融合"的主导权。谁能主导"三网融合",意味着谁就能有更大的收益。"三网融合"的相关政策本质上是一种管制性政策(regulatory policy),是对个人或团体的行为加以限制或约束的政策。这种管制性的决定会产生明显的赢家或输家,不同于分配性政策(distributive policies)只产生得利者,而没有明确的失利者(詹姆斯·M.安德森,2009)。我国的电信网络已经实现全国覆盖,互联互通较为通畅,截至2013年全国光缆线路长度达到1745万公里(中华人民共和国工业和信息化部办公厅编,2014)。电信的城域网络机构完善,可以支持大规模双向业务的开展,在"光纤到楼"(FTTB)的模式下,电信运营商可提供高达百兆的带宽接入服务。电信网现有的骨干网、城域网、接入网都已经基本建设完成,并且具有支持大规模双向

业务的条件。以FTTH（光纤到户）、FTTB（光纤到楼）为技术基础的城市光网摆脱了铜缆接入技术的宽带瓶颈，可以满足多业务宽带承载要求的"三网融合"的需要。

我国的有线电视经历了几十年的发展，截至2014年底，全国有线电视广播用户为2.35亿户，数字电视用户达到1.91亿户，有线双向网络（NGB）覆盖逾1.08亿户，双向业务开通用户（付费数字电视用户）超过3694.77万户（袁同楠主编，2015）（见图5-3）。但在相当长的一段时期内我国最多存在2000多个有线电视运营主体；经过各地方省网的不断整合，仍有30多个有线电视运营主体各自独立运行，不能互联互通。基于长期割据垄断而形成的固有利益，各有线电视网络缺乏进行彼此合作，共同组网的意愿。加之，广电网络缺乏像电信网络一样独立的网络出口，使得其提供的网络服务长期处在低速低质的状态。加之，长期以来存在的地方保护主义和官本位意识使得各地有线电视网络的统一变得更加难以实现。

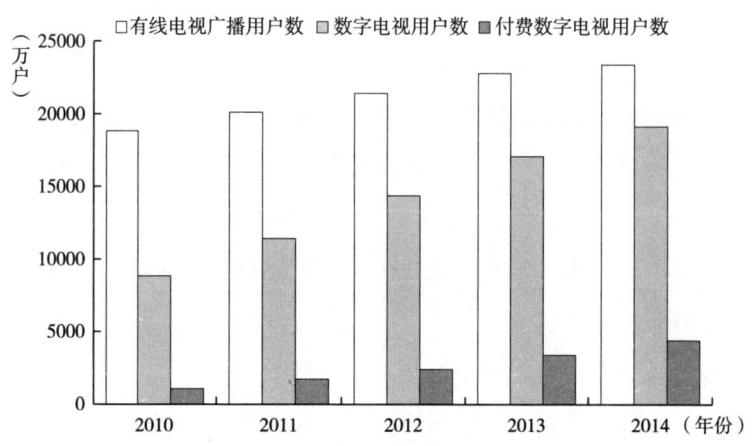

图5-3 2010~2014年全国有线电视广播用户、数字电视用户和付费数字电视用户增长情况

资料来源：笔者根据《中国广播电影电视发展报告（2015）》中的数据自绘。

按照广电部门的最初方案，在2010年底应完成全国各省的有线电视网络整合工作，形成"一省一网"的格局，但由于各方阻力较大并未能如期实现目标，直到2012年才基本完成省网整合目标。在2013年出版的广电蓝皮书中，关于省网整合有如下表述，"全国基本完成有线电视网络整合任务。2012年随着全国有线网络'一省一网'目标基本实现，各地有线电视网络数字化、双向化改造步伐加快，为中国广播电视网络有限公司的组建和业务开展创造了良好条件"（庞井君主编，2013）。

成立于2014年4月的中国广播电视网络有限公司，注册资金45亿元，性质为国有独资，业务涵盖了有线电视网络的规划、组建、维护等。在《推进三网融合的总体方案》中，国务院的计划是在"三网融合"的前期以广电和电信的双向进入为主，并着力组建国家有线电视网络，形成适度竞争的局面。但国家级广播电视网络公司成立后，其在资本、技术乃至业务方面都不具备充足的条件来完成对各省广电网络的收购或整合。并且，以目前的形势分析，中国广播电视网络有限公司很难做到对各地有线电视网络的整合。各地有线电视网络经过多年的发展已经形成了不小的规模，但就中国广播电视网络有限公司的资产很难完成对地方广电网络的收购。另外，因为一些地方广电已经完成或正在进行上市工作，所以如果此时以行政命令的形式对地方广电网络进行强制整合显然也不符合市场经济原则，会影响现有持股人的利益（温婷，2014）。除了上述原因，原来各地有线电视公司为了解决发展初期的资金筹措问题，大多数是由地方政府和各地广电公司合资成立的。正是因为这个原因，目前各地的有线电视网络都是独立成网的。

对于广电部门来说，加快网络统一，实现网络数字化以及双向化是其开展"三网融合"业务的重要前提。广电总局在2008年12月与科技部签署了发展下一代广播电视网（NGB）的协议书，提出共同发展具有双向互动能力的下一代广播电视网，但目前而言，整体推进较为缓慢。

因此，广电网较之电信网在市场、技术、人才等方面都有较大差距。在硬件方面，电信网已实现全国性的网络通信骨干网的互联互通，且实现了与互联网的融合，能够提供多样化、高质量的通信服务。在软件方面，电信业经过改革形成了三大电信运营商，具有优势明显的市场运作经验以及为公众所接受的品牌感召力。另外，无论是在技术研发，还是在网络维护、管理维护方面，电信企业都拥有着较为明显的优势。所以，就网络主导权之争，电信方面优势明显。

二 集成播控牌照之争

按照国家政策规定，开展"三网融合"相关业务需要有相应的业务牌照。推出集成播控牌照是为了改变IPTV、手机电视、互联网电视等缺乏有效监管的产业模式。作为"三网融合"的重要一环，集成播控牌照的归属是广电部门和电信部门都竭力争取的。根据对集成播控平台的定位以及"三网融合"相关政策对集成播控的要求，集成播控平台包括审核播出、内容运营和运营支撑等功能模块，提供内容审核、内容播控、内容集成注入、集成运营、终端管理、集成门户、内容分发、集控运营支撑、业务运营支撑、数据同步等功能。播控平台包括节目内容的统一管理、用户端、版权保护、电子节目指南等子系统。播控平台的架构既包括中央IPTV集成播控总平台，也包括地方内容平台，如图5-4所示，这是对我国"四级办台"模式的反映。

在"三网融合"业务试点方案的制定过程中，广电部门和电信部门曾就集成播控平台问题展开激烈的争论。在最终的试点方案中，广电部门掌握了内容的所有权，以及播控平台的组建与管理权。电信部门则负责内容的传输工作。在对用户的收费方面，两个部门协商相关的建设和运营。事实上，作为国家舆论喉舌的广电部门对于内容播控权的掌握是预料之中的事。电信对于集成平台计费、EPG（Electronic Program Guide）还有增值业务的争取，实际上是为了获得一定的经营权。因此，在"三网融合"的集成播控牌照的争夺上广电部门占据了上风。

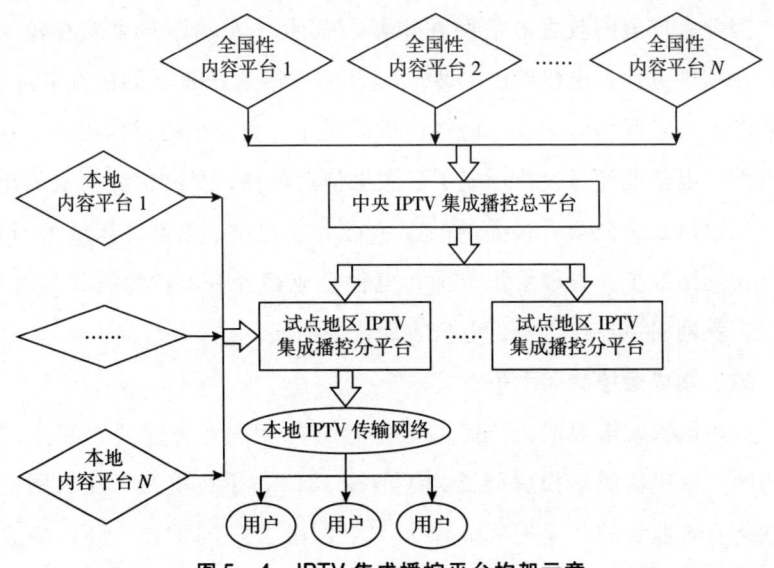

图 5-4　IPTV 集成播控平台构架示意

资料来源：杨国和等，2011，《IPTV 集成播控平台建设解析》，《广播与电视技术》第 5 期，第 25~29 页。

5.3.2　广电、工信两部门分歧产生的原因——"碎片化威权主义"的视角

在"三网融合"困境的形成过程中，广电总局和工信部基于自己的业务范围、利益诉求展开了激烈的博弈。这些行动的背后有部门利益、局部利益在作祟，也有着体制障碍的因素。本小节将首先分析利益因素然后再分析体制因素。首先回答的问题是，"三网融合"过程中利益冲突由何而来，又是怎样阻碍改革的。2010 年 1 月，温家宝主持的国务院常务会议做出推进"三网融合"的决定。同年，第一批"三网融合"试点地区名单公布，包括 12 个城市。2011 年，第二批试点地区名单公布。2013 年，工信部与广电总局共同实施推广"三网融合"工作。然而从多年的试点工作来看，"三网融合"推进缓慢，多个地区和城市的广电部门与电信企业都出现了利益冲突（苑春荟、韩磊，2012）。

首先，从广电部门的角度看，改革之后的"企业化经营"模式，

虽然在早期推进了有线电视业的发展，但后来随着收益的日渐增长，"有线电视"相关收费及其相应补助成了广电部门一块难以割舍的"肥肉"。

中国广播业最初的和最重要的结构性与制度性调节始于1983年召开的第十一次全国广播电视工作会议（邓炘炘，2006）。这次会议提出了今后广播行业发展的一系列方针和方案。会后，《关于广播电视工作的汇报提纲》被原国家广播电视部党组上报给中共中央。中央批准了此汇报提纲，并附加了一个批复通知，即"中发〔1983〕37号文件"。该文件对中国广播行业后来的行业运行模式产生了重大深远的影响：它首次突出并逐渐发展为目前广播行业内普遍实施的"事业单位企业化经营"模式。

"中发〔1983〕37号文件"把广播电视定义为"教育、鼓舞全党、全军和全国各族人民建设社会主义物质文明、精神文明的最强大的现代化工具，也是党和政府联系群众的最有效的工具之一"（广播电视部政策研究室、《当代中国的广播电视》编辑部编，1984）。通过该定义可以看出，当时中央已经认识到广播电视的功能不应仅局限于"党和政府的喉舌"，它还起着"建设社会主义物质文明、精神文明的最强大的现代化工具"的作用。

"中发〔1983〕37号文件"确立了以下两方面内容。一是中央、省（自治区、直辖市、新疆生产建设兵团）、市（地、州、盟）、县（区）"四级办台"的方针。其本意是调动各地方的积极性，但也为广电网络在相当长的一段时间没有"统一"埋下了伏笔。二是强调创收、广开财源。有线广播网的建设、运营方被准许收取收听、收看维护费。"中发〔1983〕37号文件"的出台导致了现行体制长期存在的"官办不分、政企不分、政事不分"的问题。中国有线电视的发展始于共有天线系统。1964年，为适应国际会议的需要，北京饭店安装了第一套共用天线电视实验系统。20世纪80年代，公共天线系统逐渐转化为有线电视广播系统。

1990年11月2日，国务院通过了《有线电视管理暂行办法》。暂行办法规定全国有线电视事业由广播电视部进行管理，从而结束了有线电视自发建设的阶段，走上了统一规划、统一标准、按章建设、依法管理的轨道，各地的有线电视网迅速建立起来。随着《〈有线电视管理暂行办法〉实施细则》在1991年发布，各地有线电视网络被赋予了收费权，它们逐步摆脱了对于财政拨款的依赖，开始通过对用户收取有线电视建设费和维护费等来自给自足。各地有线网络进入了快速发展期。在20世纪90年代中后期，台网分离的改革开始推行，随之有线电视传输部门变为公司形式运行。一些有线网络公司，如电光传媒、歌华有线等分别在深圳和上海证券交易所成功上市融资（李志坚，2010）。

有线电视业在经历了初始发展阶段和持续快速发展阶段后进入了调整转制阶段，如表5-1所示。

表5-1 有线电视发展历程

阶段	标志性事件	特点
初始发展阶段 （1964~1990年）	1964年中国第一个共用天线电视实验系统由中央广播事业局电视服务部设计安装于北京饭店	自发性、分散性和民间性
持续快速发展阶段 （1990~1998年）	1990年广播电视部经国务院批准发布《有线电视管理暂行办法》	区域间联网技术革新加快，内部摩擦加大
调整转制阶段 （1998年以来）	1998年全国人民代表大会通过国务院机构改革方案，重组信息产业部，对包括广播电视传输网在内的信息网络进行统一规划和行业管理	用户激增，网络化趋势更明显，向企业化经营转变

资料来源：王永庆，2006，《中国有线电视产业化问题研究》，博士学位论文，北京交通大学。

在国家一系列利好政策的推动下，有线网络产业发展迅速。2014年3月，《关于推进文化创意和设计服务与相关产业融合发展的若干意见》由国务院发布，要求全面推进"三网融合"，推动新一代电视传输网络和服务平台建设;4月《关于印发文化体制改革中经营性文化事业单位转制为企业和进一步支持文化企业发展两个规定的通知》发布,要求 2014~2016 年,对于有线电视网络运营商收取的有线电视建设费以及维护费等免征增值税。在 2014 年,全国有线广播电视网络总收入达到 827.21 亿元,较 2013 年增加了 72.30 亿元,同比增长 9.58%(见图 5-5)。其中,有线电视基本收视费 457.39 亿元;付费数字电视收入 66.51 亿元;三网融合收入 57.97 亿元(袁同楠主编,2015)。可见广电部门已经将有线电视产业这个"蛋糕"做大,面对"三网融合"所带来的 IPTV、互联网电视等业务的挑战,广电部门在准入许可、内容监管、版权维护等方面设置"三网融合"进入的门槛来维护自己在经济方面的利益。在对泰安地区三网融合情况调研过程中,泰安电信某营业厅负责人告诉笔者,泰安广电方面一直指责电信推出的"高清电视"业务侵犯了其内容版权,但他认为电信推出的"高清电视"业务是基于中国网络电视台(CNTV)平台的,不应被视为侵权。①

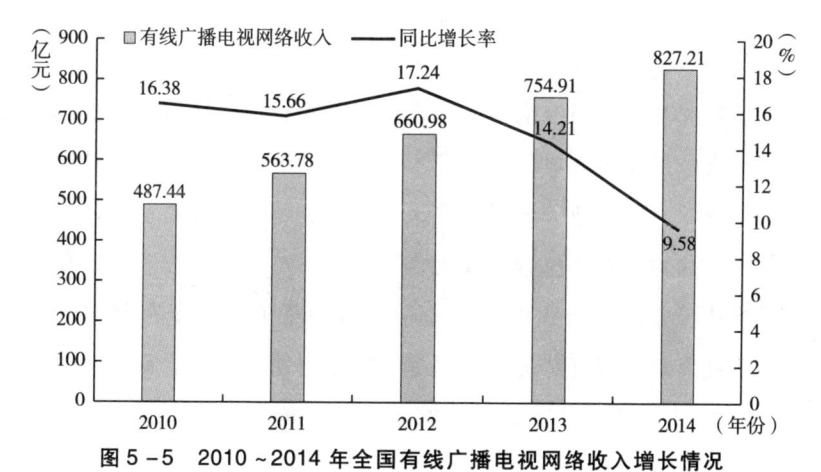

图 5-5 2010~2014 年全国有线广播电视网络收入增长情况

资料来源:袁同楠主编,2015,《中国广播电影电视发展报告(2015)》,社会科学文献出版社。

---

① 访谈记录,20170119。

广电方面，目前很多基层地区依然是"网台不分""以网养台"的旧体制。如果在"三网融合"过程中，有线网络落败或出局，广电和其下属机构将会丧失原有的收视费收入以及来自国家有关方面的财政补贴。还有，全国广电系统还存在几十万依赖有线网络收费生存的工作人员，一旦"三网融合"中广电出局，这些人的出路将会成为一个不小的问题。

其次，从电信部门的角度看，随着电信行业的迅速发展，用户的需求也在不断增加。为了满足用户日益增长的个性化和多元化需求，运营商迫切希望能整合资源，以拓展新的市场空间。

"三网融合"为电信运营商带来了巨大的机遇。第一，"三网融合"为电信运营商提供了一个传统有线电视尚未开发的市场空间。如果"三网融合"能够实现，语音、文字、视频等元素相互渗透融合的新兴业务的市场空间巨大，电信运营商将有机会提供比现有有线电视更加丰富、交互性更强、个性化更为突出的服务。第二，电信运营商在网络、渠道、品牌、业务资源等方面拥有优势。电信运营商拥有国际互联网的接入权，其网络平台是核心能力的基础。网络是"三网融合"中一切商业运作承载的基础，没有网络，一切模式都不存在，任何信息流均需要强大的网络作为支撑。电信运营商不仅有丰富的网络资源以及营业厅等实物渠道资源，而且业务渠道优势也很明显，可以直接覆盖到所有电信业务客户，这为运营商整合资源提供了便利。"三网融合"中，电信运营商或将成为资源整合中的主导者，在市场竞争中处于有利的地位。① 电信运营商发挥自身优势的关键是立足大信息服务概念，研究发现未来各种可能的"三网融合"服务需求，有规划地引导、整合资源，并主

---

① 根据工信部门数据，截至2014年底，中国互联网宽带接入端口数突破4亿个，固定互联网宽带接入用户数突破2亿户；光纤到户覆盖家庭达2.2亿户；中国3G用户数4.85亿户，4G用户数达到9718万户，成为世界上用户最多的国家之一。而同一时期，中国有线双向网络覆盖用户突破1.08亿户，开通双向网络的用户超过3394.77万户。可见，电信部门在宽带服务提供方面具有明显规模优势。

导建立多赢的商业模式。

同时,"三网融合"也会给电信运营商带来巨大的挑战,主要体现在以下几个方面。

第一,广电网络有可能成为新的、具有庞大网络资源的市场进入者,使得传统电信市场竞争更加激烈。广电将能够进入作为目前电信运营商根本业务的语音业务市场和快速增长的宽带市场。广电庞大的网络资源将能够挑战电信运营商"最后一公里"接入资源的垄断地位,而信息数字化的发展,使得广电提供宽带接入业务和在宽带网络上提供语音业务的技术障碍不复存在。而且新兴运营商在网络上提供语音业务的技术障碍也不复存在,并可通过与广电或电力部门的合作,获得一定的接入资源,新进入者可以推广基于网络的各种语音、数据基础和增值业务,并将对传统电信业务和宽带业务等造成较大冲击。

第二,"三网融合"产业发展受政策管制的影响较大,电信方面存在着政策风险。尽管"三网融合"是世界性的大趋势,但从体制改革的角度看,广电与电信隶属不同部门的状况很难在短时间内改变。出于对于意识形态管控的需要,中国没有放松对媒体传输内容的监控,这在一定程度上制约着新兴媒体产业,比如 IPTV 业务的发展。"三网融合"产业发展受政策管制的影响较大,"三网融合"的政策管制尚需完善。

综上,广电部门的优势在于拥有广播、电视节目的播出权,并掌握内容;其劣势在于目前其使用的网络多是单向网,且地域分割严重。电信部门的优势在于拥有国际互联网的接入权,并且网络都是双向网,且全国一网,资金、技术实力雄厚;其劣势在于无节目播出权。双方优势、劣势对比如表 5-2 所示。

"三网融合"政策在执行过程中遇到的问题,充分展示了不同政府部门之间由于业务系统的分割而产生的困境。"三网融合"困境的存在也说明中国在政策机制的某些方面还存在着重大的协调性缺陷:公共政策的制定或执行过程,是不同部门基于政治资源互相竞争、妥协的结

表5-2 广电部门和电信部门在"三网融合"中的优劣势比较

	优势	劣势
广电	拥有广播、电视节目的所有权和播放权	没有国际互联网的接入权
电信	拥有国际互联网的接入权	没有广播、电视节目的所有权和播放权

资料来源：笔者自绘。

果，往往是占有更多资源的部门取得更多主动权。

在研究中国央地关系，部门之间关系的学者中，Lieberthal 和 Lampton（1992）提出了"碎片化威权主义"（fragmented authoritarianism）这一概念。这个概念认为，决策权被横向或纵向分割的决策平台或部门所共享，因此权力呈现"碎片化"状态。在原有决策体制未完全改变的情况下，决策共识的达成往往是不同部门之间互相竞争、互相妥协的结果。这种并不完全透明的决策妥协，往往为公共政策公共性的流失提供了土壤和空间。

上面两位学者认为"碎片化威权主义"在中国政策过程中有三个特征。①权力机构的碎片化：一项新政策的提出往往不是任何一个部门所能独立提出或制定的，必须依靠不同部门间的协商妥协产生。②协商妥协是在横向和纵向两个维度上进行的：既包括不同政府部门之间的讨价还价也包括中央政府和地方政府之间的利益平衡。③因为共识的建立是讨价还价的结果，所以在政策推动中的每一步都少不了反复的博弈，这使得即使政策获得最高决策层的认可，但在具体的执行过程中仍需要高层不断地协调与推动。可以说这个理论模式反映了中国市场化改革后政治系统的一些变化，包括政策制定过程及央地关系的变化等。从前面的三个特征中，我们可以得出两个与之相关的推论：第一，权力的碎片化及权力的下放为政策制定及执行的相关政府部门过多地追求本部门利益提供了空间，这也使得政策制定过程中部门之间的协调更加困难；第二，这个理论模型认为只有政治系统内部行动者才能够对政策过程产生影响，即中国政策过程是相对封闭的。

中国"三网融合"推进缓慢的最根本原因在于体制障碍。无疑，广电部门与电信部门所形成的"碎片化"体制以及所对应形成的政策壁垒是"三网融合"发展所需要突破的。因此，在"三网融合"相关政策的制定过程中，一些问题需要未雨绸缪统筹考虑，如对于网络和广播电视的监督机构能否整合；整合的过程中，作为党的喉舌的广播电视的安全如何保障等。

通过以上的分析可以看出"三网融合"中广电部门与电信部门的分歧既有着背后各自利益的驱动，也有着体制分割的因素。在这里需要进一步追问的是这种部门利益、体制分割的因素如何从政治理论的角度加以解读。下一节，本书将围绕"碎片化威权"在转型期的中国形成的原因展开分析。

5.4 社会转型期体制变革因素对公共政策"公共性"的影响

从上面的分析中我们可以看出"三网融合"困境出现的一个很重要的原因是分业监管模式的存在。工信部和广电总局作为"三网融合"的直接参与者，分别代表本部门和本行业的利益在争夺主导权、资源、预算等方面采取了一系列行动，使得"三网融合"作为一项公共政策，其"公共性"受到了挑战。电信与广电双方都凭借自己的部门职能竭力维护自己核心业务的权限，并对对方试图进入设置行业垄断性质的行政性障碍，这种通过行政手段对市场竞争进行打压的做法既损害了公共政策"公共性"也增加了社会转型的成本。在"三网融合"成为经济增长引擎的情况下，监管体制如果还保持旧有姿态，"三网融合"作为公共政策的"公共性"将很难实现。在三网融合发展过程中，互联网企业对推进三网融合形成了某种形式上的倒逼，阿里、小米、乐视、PPTV 等互联网企业通过 OTT 盒子、智能电视等终端，将视频业务移植到了电视这个重要的客厅终端。所以，正如 2015 年三网融合推广方案中所指出的那样,三网融合不仅是电信与广电之间的双向进入问题,还是打破原来领域垄断,允许更多市场主体进入,形成多元竞争格局的过程。① 在对泰安电信某营业点的访谈中,营业点负责人告诉笔者即使广电试图通过政策抵制电视节目通过网络进行传播,也不可能完全抵制互联网企业在视频传输网络化这一领域的创新。② 在这个过程中,体制变革或说政治发展应该追上科技、经济前进的步伐才有利于公共政策"公共性"的实现。

在改革开放之初,邓小平(1993)就曾指出:"不改革政治体制,就不能保障经济体制改革的成果,不能使经济体制改革继续前进,就会阻碍生产力的发展,阻碍四个现代化的实现。"几十年过去了,实践越来越证明了他这一观点的正确性。中国从计划经济到市场经济的转型,政府在其中发挥了主导作用。政府在认识到计划经济体制的问题后,组织发动了我国的经济体制改革,并取得了举世瞩目的成就。在这一社会转型的过程中,政府扮演了推动者的积极角色(张小劲,2015)。但随着市场经济体制的建立和计划经济的退出,政府的角色应该随之调整变化,要实现从解构旧体制到建构新体制的转变。在这一过程中要转变政府职能、调整机构设置,以防止政府凭借对社会稀有资源进行权威性分配的职能,出于对利益的不当要求在政策的制定或执行过程中背离其应有的"公共性",造成社会不公平(陈国权,2008)。社会体制转型过程中出现的各种垄断行为,包括部门垄断、行业垄断所获取的暴利被有的经济学家称为比寻租活动更为严重的造租活动(冒天启主笔,2000)。在社会转型过程中,政府在出台或制定公共政策过程中有时会超出对市场经济干预的合理界限,利用扭曲的公共政策进行以权谋私的行为,使我国的市场经济发展存在着非市场竞争和制度风险,并且政治的公正性受到挑战,非正常市场经济发展所导致的贫富两极分化在扩大

---

① 参见《国务院办公厅关于印发三网融合推广方案的通知》。
② 访谈记录,20170219。

（陈国权，2008）。道格拉斯·诺斯（Douglass C. North）认为西方国家之所以能够快速发展，政府与市场之间明晰的界限起了非常重要的作用（钱颖一，2003）。

从计划经济到社会主义市场经济转型的过程，也是社会全面转型的过程。在这个过程中经济的活力和增长点也在不断地释放，当然，这个释放的过程会遇到旧有体制的阻碍。从经济发展与政治发展的关系来看，政治发展应该反映经济发展的要求，政治发展也应融入社会转型的进程（Lipset，1959）。在这场深刻的社会转型过程中，政治发展面临着政治结构重塑、政治能力提升、政治持续稳定、政府机构改革、政府职能转变、政府行为规范，进而推进中国政治发展的重大任务。社会转型过程不是一蹴而就的。因为政治、经济、文化发展的非均衡性的存在，政治发展往往落后于经济发展，其有着渐进性特征（佟玉华等，2009）。政治发展自身动能的不足，也是政治发展、体制变革无法追上科技、经济发展步伐的重要因素：一方面，政治和经济发展的不均衡使一部分人拥有了更多的政治权力或经济财富，进而对政治和经济相关政策的制定和执行拥有了更大的话语权；另一方面，底层民众在被盘剥的过程中，逐渐丧失了参与政治活动的资本和能力，更趋于边缘化。这种政治发展自身能动的不足会使得社会转型出现结构性扭曲：社会经济在发展，而政治发展却相对滞后。这导致政治机构在制定和执行公共政策时常常无法正常反映社会经济发展的需要，进而导致公共政策"公共性"的流失。

第6章 下游捕获类型

上一章论述了动力来自公权力内部主体所导致的公共政策在执行中发生公共性流失的类型，本章所讨论的是动力来自公权力外部主体的类型。公共政策作为对利益的权威性分配依据，其在运行的各个阶段，尤其是在政策的执行阶段，会牵动利益相关方的关注，使得政策执行者将面临来自外部的压力或诱惑。当政策执行者被来自公权力外部的团体或个人捕获时，其执行的公共政策公共性就有流失的风险。政策执行者与常人一样有自身的利益追求，所以在政策执行过程中需要激励因素的存在。激励因素可以划分为正方向型和反方向型：前者是奖赏；后者是惩罚。当公权力内部主体或政治体系内部主体所提供的激励弱于外部激励的时候，作为理性人的政策执行者就在成本—收益分析的基础上，选择接受外部激励，那么他们就有可能在政策执行过程中使公共政策的公共性让位于对其提供激励的外部团体或个人的一己私利，特别是公权力处于"黑箱"状态下运行的时候，即监督机关不了解、舆论媒体不报道、民众不清楚的情况下。

6.1 下游捕获类型特征

政策执行过程中所形成的"公共性"流失与政策执行者的权力滥用有着密切联系，准确地说是对行政自由裁量权的滥用。当然这里的"滥用"既包括过度使用自由裁量权，也包括因利益低于自己的预期收益而未充分使用自由裁量权。本章所论述的是动力来自公权力外部主体的类型，即公权力外部的团体或个人通过行贿等手段使得公权力在政策执行过程中做出有利于其自身而不利于公共利益的情况。因此，本章所讨论的情况在某种意义上是一种权力腐败的表现，而权力腐败是权力滥用的表征之一。只有当公权力主体及其工作人员因滥用自由裁量权而获取权力租金收益时才形成权力腐败。行政自由裁量权的产生取决于两个条件：一是存在自由裁量的空间；二是政策执行主体有裁量权。当政策执行主体被外部力量所俘获或缺乏有效监督时，政策执行主体就可以利用自由裁量权为"金主"或自己攫取非法收益。在中国转型期，由于制度建设不完善，利用制度漏洞或打"擦边球"或利用"潜规则"来进行腐败活动的案件时有出现。其发生的一个很重要原因就是公权力的掌控者或行使者将行政自由裁量权作为一条更安全、更隐蔽的腐败通道。因此，可以看出行政自由裁量权有时会为腐败提供合法的外衣（洪兴文，2012）。由此可以看出本章所论述类型的特点是政策执行主体在被外部力量捕获的情况下，利用行政自由裁量权为"金主"或自己攫取非法收益，进而导致被执行的公共政策"公共性"流失。

　　本章所选取的案例是原国家食品药品监督管理局局长郑筱萸为医药企业牟取非法利益一案。之所以选取这个案例，是因为这个案例符合本章所论述类型的特征。其一，"郑筱萸案"主要发生在政策执行阶段。郑筱萸在利用其原国家食品药品监督管理局局长的权力，在执行《中华人民共和国药品管理法》的过程中，在药品、医疗器械审批等方面为制药企业牟取非法利益。《中华人民共和国药品管理法》作为全国人民代表大会通过的法律，无疑属于公共政策的范畴。"郑筱萸案"正是主要发生在对这个公共政策的执行过程当中。其二，"郑筱萸案"发生的动力来自公权力外部主体。郑筱萸正是在接受他人贿赂的情况下，发生的失职渎职行为。虽然郑筱萸也有设租的动机，但如果没有租金的提供，他也不会做出上述违法活动，因此这个案件的原动力主要来自公权力外部主体。本章会从寻租理论的视角对案例进行分析，试图论述在政策执行阶段寻租活动是如何影响公共政策执行过程中的公共性的。最后，本章会将社会转型这个因素纳入对该类型发生原因的讨论，分析转型期的哪些特点为此类型公共性流失的发生提供了空间和便利。

6.2 典型性案例——"郑筱萸案"

6.2.1 "郑筱萸案"简介

郑筱萸是原国家食品药品监督管理局局长，在2007年因受贿罪、玩忽职守罪被判处死刑并在当年7月被执行死刑。翻看郑筱萸的履历，可以看出郑筱萸在药品监管行业为官多年：从1994年浙江总工会主席调任到国家医药管理局任局长，到2005年从国家食品药品监督管理局局长的位置上退下来，其间都在做着与药品管理相关的工作。

在郑筱萸从事医药管理工作的初期，他所在的国家医药管理局并不是医药管理部门，只是按照苏联模式组建的适应计划经济管理需要的行业主管部门。那时的国家医药管理局除了掌管行业规范、医药外贸工作外，还拥有中国医药工业公司、中国医药公司、中国医药对外贸易公司、中国医疗器械工业公司和中国药材公司等大型国有企业。可以看出，国家医药管理局更多地具有经济属性而不是监管属性，因此国家医药管理局隶属于国家经贸委。在建立社会主义市场经济的要求下，国家医药管理局这种旧体制的产物也随着1998年的机构改革而退出历史舞台。机构改革后，国家药品监督管理局取代了国家医药管理局，并从经济管理部门变成了行业监管部门，郑筱萸等官员也从经济管理干部转变为了监管机构官员。这种将原国家医药管理局作为新设监管机构主体的做法存在着一个不容忽视的问题：监管机构及其工作人员与药品企业有着密切联系。这种转型的发生为郑筱萸后来的腐败提供了土壤。

从 1994 年到郑筱萸卸任的 2005 年，中国药品管理的公共政策经历了《中华人民共和国药品管理法》修订、药品生产企业 GMP（Good Manufacturing Practice，良好作业规范）改造、中药种植的 GAP（Good Agricultural Practice，良好农业规范）认证、药品商业流通的《药品经营质量管理规范》认证、药品研发实验的《药品非临床研究质量管理规范》认证等规范性整顿。这些政策的改变在某些方面成为郑筱萸攫取非法收益的工具。

在郑筱萸的主要违法活动中，郑的妻子和儿子扮演着重要的角色。浙江双鸽集团负责人在对郑的贿赂攻势中走的就是"夫人路线"。该负责人聘请郑的妻子为公司顾问，然后给予一定"顾问费"。郑筱萸在知晓这层关系后，自然对双鸽集团照顾有加，在许可证的颁发上给予诸多帮助。

另外，关于郑筱萸之子郑某某收受广东某医药公司财物的问题，在法律界定上也有争议。检方认为 2002～2006 年，郑筱萸通过郑某某收受某公司每月以资助名义发放的 1 万元工资，共计 73 万元。但从卷宗材料看，涉及此事的当事人都认为这个每月 1 万元的款项是给予郑某某的工资，而非资助。郑某某在 2002 年从日本归国后找工作不理想。某企业负责人看到这个情况后让郑某某在其公司工作并每月发放 1 万元工资。对此，郑筱萸是知晓的，但他认为郑某某当时跟着公司负责人跑业务，领取工资也是正常的，并且在郑某某到上海自己发展后，上述工资就停发了。所以，由此推断出郑筱萸知晓这每月 1 万元是行贿款，其存在主观上的收受贿赂企图，未免太过牵强。"郑筱萸案"中的行贿受贿行为并不是简简单单的权钱交易，一些交易埋藏得很深，外表都包裹着看似合法的外衣。

6.2.2 "郑筱萸案"中公共政策公共性流失的表现

在上述案例简介中我们可以看出郑筱萸利用行政审批权，为 8 家制药企在医疗器械、药品的审批等方面牟取非法利益。药品管理法（2019年修订前）第一条即指出了其公共性——"为加强药品监督管理，保证药品质量，保障人体用药安全，维护人民身体健康和用药的合法权益，特制定本法"。药品管理法作为人大立法无疑属于公共政策的范畴。而"郑筱萸案"中的主要官员正是利用了药品管理法所赋予的职权大肆收受贿赂、大搞权钱交易，失职渎职、滥批药名，极大地损害了包括国家利益、人民利益在内的公共利益，使其所执行的公共政策的公共性发生流失。

"郑筱萸案"中相关官员利用药品管理法所赋予的行政审批权，大肆审批所谓"新药"，致使一些不合格药甚至假药拿到批号，使公众安全受到挑战。以下是郑筱萸主政期间，因为行政审批不严，导致不合格药甚至假药流向市场而引发的医疗事件。"齐齐哈尔第二制药有限公司"事件——2006年4月，广州市中山大学附属第三医院连续发生15起因注射"齐二药"品牌的"亮菌甲素注射液"导致患者肾功能衰竭的重大事件（杨悦等，2009）。"佰易事件"——2007年1月，朝阳医院因为使用佰易公司生产的静脉注射人免疫丙种球蛋白使40多人感染了甲肝（曾亮亮，2007）。这些事件的发生显示出公共政策在执行过程中自由裁量权有效监管的缺乏，使得政策执行者往往会利用其权力为行贿者牟取不当利益，进而损害了公共政策的公共性。

药品管理法作为公共政策其公共性在"郑筱萸案"中发生流失的另一个表现是在执行过程中被随意改动，为相关公职人员创租寻租提供了空间。GMP认证在1985年开始实施的药品管理法中被规定为自愿进行。而郑筱萸任职以后，于2011年做出硬性规定，不能取得GMP认证的企业不得进行药品生产。这使得全国范围内的药企都急于通过GMP认证。为此，某些企业不惜成本用钱砸出认证。而这些因认证多出的投入最后转嫁给了消费者。没有足够财力支撑GMP认证的企业纷纷倒闭，而像"齐二药"这样的企业却通过"疏通关系"拿到了认证资质。虽然用贿赂取得了认证资格,但这虚假的认证没有阻止"亮菌甲素注射液"这样的假药出现。本应在认证中重点检查的生产环节,被一场事故证明存在明显的漏洞。这起假药事件中有13人死亡,2名患者受到严重伤害。GMP由自愿认证到强制认证的过程,反映出药品管理法作为公共政策在执行过程中受到了来自执行机构行政自由裁量权的挑战。这种行政自由裁量权的不合理使用为政策执行者牟取不当利益提供了空间,使公共政策的公共性受到挑战。

6.3 案例分析

6.3.1 行政自由裁量权的使用

在郑筱萸一案中我们可以看到行政自由裁量权的使用起到了关键作用:正是行政自由裁量权的存在和使用使得郑筱萸有了利用职务便利,接受请托为行贿企业提供审批等方面的帮助。在北京市人民检察院第一分院对郑筱萸受贿罪的8项指控中,每一项都涉及郑筱萸利用职务便利为利益输送企业提供产品或项目审批的情况:其一,为双鸽集团的一次性医疗器具审批提供帮助,并同意该集团下属公司的多达24种药品的注册或生产;其二,为康裕公司研制项目审批提供帮助;其三,为斯格利达医药研究所代理进口的药品审批提供帮助;其四,为广东某公司进口化学药品,办理药品经营许可证等给予关照;其五,为光明研究所取得某药品的生产批准文号提供帮助;其六,为中华茂祥集团下属公司申报药物审批提供帮助;其七,为普利制药申报的药品注册提供帮助,并同意该公司6种药品注册;其八,帮助步长制药申报的药物从地方标准升级为国家标准。这些行为,都是郑筱萸作为国家药监局局长违法行使行政自由裁量权的具体体现。

随着中国社会转型的深入,在诸如公共卫生安全等事件中,对行政自由裁量权在广阔的裁量空间中如何保障弱势群体权益、维护社会公平正义等方面提出了新的挑战与要求。因为行政自由裁量权是一把"双刃剑",既具有维护公共政策公共性的积极作用,也具有侵害公共利益的可能(徐湘林,2002)。因此,如何使行政自由裁量权限定在合理范围内,以实现裁量自由与公平正义的融合成为政治学、管理学等学科研究的重要内容之一。因此,研究行政自由裁量权的行使规范,探索行之有效的规范行政自由裁量权的控制系统,使行政过程能最大限度地维护公共政策的"公共性"具有重要的学术价值。

学界对于"行政自由裁量权"或"行政裁量权"的概念界定,有不同的看法。有的学者认为,"行政裁量权是行政主体在法律规定的范围内自行判断、自行选择和自性决定以做出公正而适当的具体行政行为的权力"(司久贵,1998)。姜明安(2009)教授则认为行政自由裁量权是协调政治与法治两者关系,保障正义的工具与手段。学者们对行政自由裁量权的定义不尽相同,但对其实质理解是相同的:行政主体可以根据自己的意志和判断做出选择;在裁量内容方面,有政策执行形式的自由裁量,也有机构设置的自由裁量;在裁量手段上,可以根据方案做出决定,也可以根据具体情形做出选择(王永明、沈赤主编,2012)。在公共管理实践中,无论是政策制定还是政策执行,抑或行政监督,公权力机关及其工作人员都享有一定范围内的行政自由裁量权。因此,规范行政自由裁量权有助于维护公共政策公共性。

行政自由裁量权是行政权力的属性之一,其对于行政机关发挥主观能动性,进而提升行政效率具有重要意义。但行政自由裁量权作为权力的一个维度同样包含着被滥用的可能,从而不利于对公共政策公共性的维护。在"郑筱萸案"中我们可以看出,郑筱萸在利用行政自由裁量权大力推行改革的同时,也将扩大的裁量权转化为为行贿企业牟取私利的工具。在"郑筱萸案"中行政自由裁量权存在着以下弊病:政策执行官员可以利用裁量权所具有的一定幅度的自由行使权使其主观能力作用大大地被拓展，因此，容易造成像案例中所呈现的那样在政策的执行过程中出现以权谋私、办人情案等滥用行政自由裁量权的现象。行政自由裁量权的滥用，在损害公权力主体自身形象的同时，也损害了公共政策的权威性。公权力主体对公共政策权威的滥用会使公众丧失对公共政策合法性的认同，甚至丧失对公权力机构合法性的承认。因此，要抑制行政自由裁量权的消极一面，发挥其积极一面，就要对行政自由裁量权进行有效控制。

对行政自由裁量权进行控制的一个很重要的出发点是对公共政策公共性的维护。行政自由裁量权的控制显然不是单依靠法律就可以实现的。在"郑筱萸案"中，我们可以看到药品管理法等法律法规的存在，并没有有效地约束公权力主体，反而在一定程度上为公权力主体的设租牟利提供了空间和保障。行政自由裁量权设置的初衷是追逐政府所设想的公共利益最大化。但在实际执行的过程中，行政自由裁量权却被异化为某些部门或个人谋求其利益最大化的工具，进而滋生了腐败。行政自由裁量权的控制还需要遵守合理的原则。在能够实现公共政策目标的基础上，行政机关要尽可能地减少不必要的消耗。实施行政自由裁量权的过程，可以被划分为事前、事中与事后三个部分。三个阶段的控制做到有效的衔接、充分的配合才能有利于行政自由裁量权发挥其应有的作用。在前面的第2章中，本书曾论述了部门立法对于公共政策公共性的影响。部门立法的存在为行政自由裁量权被不当使用提供事前操纵的空间。因此，对公共政策无明确具体规定，需要执行机构或人员借助公共政策的目的、意图所进行的自由裁量，应当在公共政策的制定过程中将公共政策设立的本意明晰化，以减少误读和歧义。事中控制是对行政自由裁量权在公共政策执行过程中的控制。其主要方式是对行政自由裁量权的行使做一定程度上的限制。公共政策的执行机关能否在政策执行过程中做到公平且有效率，在很大程度上取决于执行机关所使用的程序。事后控制则是公共政策公共性被行政自由裁量权所侵害后的救济，包括在"郑筱萸案"中所出现的执行人员追查、司法审查等。

行政自由裁量权的滥用会导致腐败，从而对被制定或被执行的公共政策的公共性形成威胁。在转型期的中国由于公共政策制定或执行过程中自由裁量权的存在和不正当使用使得行政管制和市场交易的边缘地带成为牟利的空间。有学者指出，回顾中国改革开放以来的某些致富者的发迹史，有些与政策执行过程中自由裁量权有关。第一次是利用渐进式改革进程中所出现的价格双轨制，官商勾结，倒买倒卖，攫取暴利。第二次是利用银行利率与市场利率之间的差价，以特殊渠道从银行获得贷款然后再以高利贷的形式放出，进而攫取中间差价。第三次是在房地产领域利用关系低价取得使用权然后再高价出手。第四次是利用权钱交易，低价或无偿获取原始股，然后在股市上高价抛出，赚取暴利（金太军、张劲松，2002）。可见，政策执行过程中的自由裁量权的存在为寻租型腐败提供了契机。

6.3.2 寻租理论的视角

中国目前是处于社会转型期的发展中国家，正在经历经济、社会等方面的转型。在有些人看来在这一过渡阶段出现一些漏洞和问题是在所难免的，认为即使部分官员出现了腐败问题，与改革开放的大局相比，也不值一提。对于政治腐败的作用学术界存在着争议。有的学者认为腐败有有利的一面，比如塞缪尔·亨廷顿（1988）认为，一是腐败比起暴力来更有利于政治体系的运行，"腐化是改良的替代物，腐化和改良同时又是革命的替代物。腐化有助于减少利益集团要求改变政策的压力，正如改良可以减少阶级要求改变结构的压力一样"。二是腐败在一定情况下有利于经济的发展，因为廉洁的政府往往是僵化的，而腐化往往起到润滑剂的作用，会使政府更灵活，有助于减少通往现代化的阻力。三是腐败有利于新政府的产生，从而推动政治发展。腐败是旧政权政治合法性的"掘墓人"，同时也是新政府唤起民众反抗和斗争的一个鲜明旗帜（Sabine，2018）。

尽管塞缪尔·亨廷顿指出了腐败一些有益的方面，但这些"有益"都是在一系列限定条件下得出的结论，而且他提出的这些有益方面并不能证明腐败有利于政治改革。在上述的第一个观点中，塞缪尔·亨廷顿将腐败与暴力做了对比，这种对比只能说明腐败对于政治体制的瓦解作用比起暴力来更缓慢，但并不能说明腐败有利于增强政治体制，实现"政治改革"维护执政者地位的目的。对于第二个观点，塞缪尔·亨廷顿（1988）对自己提出的"腐败润滑剂"论给出了限定条件——僵化的社会可能因腐败而有所改变，但已腐化很深的社会则会因腐败而滑向更深的深渊。并且塞缪尔·亨廷顿所提到的"有所改善"是针对经济而言的，并不是说腐败对于政治改革就有积极作用。在第三点中，塞缪尔·亨廷顿（1988）所说的"推动政治发展"中的"政治发展"显然指的是政治革命或政权更替而不是以巩固执政地位为出发点的"政治改革"。所以，塞缪尔·亨廷顿的第三个观点可以概括为腐败发展到一定程度会导致政权垮台。显然，这个观点与腐败有利于"政治改革"是恰好相反的。综上，塞缪尔·亨廷顿虽然指出了政治腐败对于政治稳定、经济发展还有革命意义上的政治发展具有一定的积极作用，但他并没有认可政治腐败会有利于政治改革。正如他指出的那样——政府的架构体系和行政能力会因腐败而变得衰弱。腐败是不利于政治发展的。

在中国改革开放初期，有的学者更为直接地指出政治腐败有利于政治改革，他们认为"用腐败来消解旧体制，成本最小，效益最大""腐败有利于中国社会转轨，腐败者获得既得利益后，会为保住自己的既得利益而努力使社会通向法治之路"（何清涟，1998）。

综上，政治腐败虽然在一定的条件下并不是毫无益处，但对于政治改革的推进，腐败所能起到的作用只会是阻碍。公共政策制定或执行中的一些漏洞是产生腐败的一个重要原因，腐败者据此可以获得大量的个人利益。当改革者发现这些漏洞并试图通过政治改革来使更公平、有效的新的制度来代替原有制度时,原来的腐败集团就会利用各种手段阻挠政治变革,以维护自己利益。

6.4 社会转型期传统文化对公共政策公平性的影响

在"郑筱萸案"中,我们看到"利益冲突"情况的存在:郑筱萸的妻子刘某某和儿子郑某某,都在其主管的医药领域内从事经济活动。

郑筱萸曾说他对于妻子和儿子做顾问、持干股等行为起先并没有觉得不妥,后来经过反省才认识到自己的权力才是那些聘用家人的公司所看重的。在"郑筱萸案"的起诉书所涉及的640多万元的财物中,郑筱萸直接受贿的仅40万元,其余大多数是家人接受的贿赂(见图6-1)。

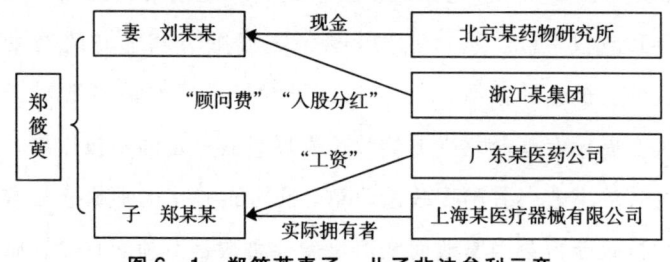

图6-1 郑筱萸妻子、儿子非法牟利示意

资料来源:高新,2007,《郑筱萸一家的"敛财术"》,《检察风云》第15期,第16~19页。

"郑筱萸案"中利益冲突情况的存在与中国的传统文化有着密切的联系。在社会转型期文化转型也是应有之义,但文化有着很强的惯性,其转型的缓慢使得公共政策的公共性常受到来自"关系"的压力。制度经济学大师、诺贝尔经济学奖得主道格拉斯·诺斯就曾指出文化存在着惯性,"从历史中存活下来的,表现在社会文化中的知识技能和行为规范变迁绝对是渐进的并且是路径依赖的"(North,1995)。中国传统政治文化重视传统的关系网与难以推托的人情。这种网与情一旦应用于公共政策的制定或执行过程，公共政策的公共性就很难保证。处在转型期的中国存在着一个既不同于计划经济体制，又不同于规范市场经济体制的资源配置体系，它是一种非正式的社会关系网络。这种社会关系网络的存在为寻租活动的展开提供了空间。马克斯·韦伯（1986）在设计现代官僚体系时，试图将人的感情剥离，建立一个基于理性的等级制体系。但处在转型期的中国，还存在着某种程度上的"情大于法"的现象，其后果是一个官员如果出于人情而适当牟利，在相当程度上会得到人们的认可；而如果他真正做到"六亲不认"，则会遭到包括亲人在内的人们的指责，并很难取信于上级，有时甚至会落得众叛亲离的下场。

人与人之间的关系，在中国被称为"人伦"，即人之间的秩序。人伦是中国社会关系搭建的一个重要平台：人们因血缘等纽带与家庭建立了关系，进而与社会关联在一起。有学者认为中国政治社会组织在某种意义上讲是人伦逐渐拓展的结果。对于"人伦"的重视使得中国宗族力量影响在持续，尽管宗族之间的经济纽带作用在当前政治经济模式下不像在封建时代那样紧密。学者冯尔康等（1994）就指出，在中国，宗族所牵涉的民众的数量是其他社会组织无法比拟的，其是中国历史上分布最普遍、最久远的社会组织。中国社会关系的重要基础就是宗族关系。宗族关系及其背后的宗法精神是社会稳定的基础。这种在中国历史上长时间存在的有直系血亲推演扩展形成的宗族及其背后的宗族文化有着很强的惯性。族内人盼望着本族中率先发达的官员能够给全宗族带来巨大的可分享福利，外面的人则想方设法通过婚姻、结干亲等途径进入或接近名门望族，目的是沾亲带故、共享利益。"郑筱萸案"中，郑一人为官，其妻子、儿子在他的权力荫庇下攫取非法收益，从中可以看出人伦关系在社会转型期所起的作用还是不容小觑的。

从"郑筱萸案"中也可以看出目前中国政策执行过程中腐败的方式正从贪污挪用、行贿受贿发展到利益冲突（过勇，2013）。"利益冲突"（conflict of interest）是一个与公共权力、政策公共性和公共利益相关的廉政术语（任建明，2010）。有学者将利益冲突定义为公职人员出于自己的私人利益，在公共行政过程中使政策取向背离了公共利益，进而发生了私人利益与其公职背后的公共责任产生冲突的行为或情景，他将利益冲突归纳为三种类型：交易型、影响型、"旋转"型（庄德水，2010）。在"郑筱萸案"中体现较为明显的是影响型，郑筱萸受贿活动中有一部分是通过其妻其子在医药行业从事相关经济活动，或接受行业内相关企业的钱财或干股的形式来进行的。因此，郑筱萸并没有直接从政策过程的相关活动中受益，而是通过政策制定、政策执行等手段间接地牟取个人私利。这种通过"影响"来进行权钱交易的行为具有间接性特点，即公职人员没有从其行为中直接获利，而是利用其权力在公共政策制定、解释、执行中牟取不当利益。出于维护公共利益的需要，公职人员应在自己所辖领域内知悉自己是否有相关利益，如果不能回避相关利益冲突，则容易造成"近水楼台先得月"的局面，从而影响了公共政策的公平性，损害了公共利益。"郑筱萸案"也体现出"旋转"型的利益冲突的特征。药品管理体制改革随着1997年1月《中共中央、国务院关于卫生改革与发展的决定》的发布而启动。在改革之前，国家医药管理局类似于现在的"国资委"，负责下属国有医院、企业的资产运营、管理，而真正监督管理药品质量安全的机构是卫生部所属的药政局。自1994年就担任国家医药管理局局长的郑筱萸，因机构改革而成了国家药品监督管理局的第一任局长（王强，2007）。这种将原国家医药管理局作为新设监管机构主体的做法存在着问题：监管机构及其工作人员与药品企业有着密切联系。监管人员中的中高层多有在药企供职的经历。这样就在监管机构和制药企业之间形成了一道"旋转门"（revolving door），监管机构及其工作人员在监管过程中，会对原关系企业予以更多照顾。

利益冲突在转型期的中国容易发生，一个很重要的原因是当前公权力部门和私营部门之间的业务往来及合作越来越多，像在"郑筱萸案"中公职人员对于行政审批权的掌握，使得他们有机会在公共政策的制定或执行过程中首先考虑私人利益。在私人利益与公共利益发生冲突的情况下，政策的制定者或执行者可能没有直接收受贿赂，但他们却通过政策照顾、提供内部信息等手段，为自己、亲属或合作者牟取不当利益提供机会和空间。利益冲突的发生意味着公职人员为了维护既得利益而无法全心全意地为公众提供服务。如果不能妥善地解决利益冲突问题，其将会演变成腐败行为，并将最终危及政权的合法性。公共政策的制定或执行过程中一旦掺杂进私人利益，公共政策的权威性就会受到挑战，其背后公权力的合理性、合法性也会受到质疑。中国出台了领导子女配偶不得在领导干部职责范围或管辖领域进行可能与公共利益有冲突的经济活动或社会中介活动的规定，如在2015年修订的《中国共产党纪律处分条例》第八章中就对多种利益冲突情况进行了规定，特别是第八十二条对为亲属牟取私利的情况做了准确详细的说明。① 处在社会转型期的中国由于宗族等传统文化的存在，为利益冲突的发生提供了空间。

但应看到，传统文化中有优秀的一面，有有利于维护公共政策公共性的一面。以"民为贵，社稷次之，君为轻"，"桀纣之失天下也，失其民也。失其民者，失其心也。得天下有道，得其民，斯得天下矣"（孟子，1987）为代表的民本思想体现了传统文化中注重民众力量，顺应民意，重视民心向背，关心民众疾苦的核心价值。当然应看到中国传统文化中的民本思想与西方的"人本"思想不同。人本思想所强调的是人在自由的前提下，经由个人利益的激励去最大限度地实现个人的价值。而民本思想只是约束君主权力的一种政德因素，不至于使其专制走

---

① 第八十二条规定："纵容、默许配偶、子女及其配偶等亲属和身边工作人员利用党员干部本人职权或者职务上的影响谋取私利，情节较轻的，给予警告或者严重警告处分；情节较重的，给予撤销党内职务或者留党察看处分；情节严重的，给予开除党籍处分。党员干部的配偶、子女及其配偶不实际工作而获取薪酬或者虽实际工作但领取明显超出同职级标准薪酬，党员干部知情未予纠正的，依照前款规定处理。"

得过远。

民本思想中所包含的"端己率属"对铲除腐败现象，形成反腐文化具有积极意义。儒家文化中的"修身、齐家、治国、平天下"思想对于官员廉洁自律也具有重要约束作用。儒家强调通过学习来端正自己的思想信念，来提高自己的道德修为，做到"格物致知"。儒家文化中的"知耻"观点也有助于官员道德自律的形成。"知耻近乎勇""羞耻之心，义之端也"，这些论述都在强调自我修养应该从知耻开始，一旦有了知耻之心，也就为社会上的道德建设开了一个好头。处在转型期的中国，反腐的艰难之处正在于缺乏一种"知耻"而倡廉的文化氛围。

在社会转型期，民众思想上的滞后也会对公共政策的公共性产生影响。在封建专制制度下，由于权力制衡的缺乏，受压迫的民众往往把希望寄托于明主贤臣。民众对清官的肯定转化为对清官的崇敬乃至崇拜之情，以致时至今日，清官思想还在干部群众当中有相当大的影响力。

由此可见，在我国传统政治文化中，还有一些因素对于今天我国腐败现象产生一定的影响。从政治运行机制层面看，中国两千多年的官僚政治积累了繁多的制度形式，但这并不意味着中国有着发达的制度文化：重人治而不重法治，重治术而不重制度。中国传统政治文化强调礼的建设，强调等级制，强调政治规范与运行依附于人；治国的关键在于个人的治术，而不在于法定的制度。政治家们感兴趣的是如何获取权力、保住权力、最大限度利用权力来谋取利益。应该说转型期的中国出现的有法不依、执法不严、以权谋私等现象有着历史根源。此外，宗族文化、人情文化、愚从文化的存在都可能混淆腐败与非腐败的界限。西方社会的历史证明，市场经济的发展，市民社会的发育成长与现代政治文化的成长发育有着历史和逻辑的必然联系。中国转型期对于公共政策公共性的维护、腐败的防治不仅需要体制的改革，而且需要现代政治文化在民众和官员的思想中扎根。

第 7 章　公共政策公共性流失的多维度比较及其启示

在第 3 章到第 6 章中，本书已经分别介绍了公共政策公共性流失的四种类型。本章首先对这四种类型及案例进行了多维度的对比。其次，本章对社会转型与公共政策之间的关系进行了梳理总结。再次，本章从政策制定和政策执行两个方面，对公共政策公共性的维护提出了治理建议，并阐明了对公共政策公共性的研究对于中国跨越转型陷阱所具有的意义。最后，本章对公共政策公共性研究做了展望。

7.1　公共政策公共性流失的类型比较

7.1.1　内部类型与外部类型的异同

从横向看，四个案例的对比分析可以归结为动力来自公权力内部类和动力来自公权力外部类的比较。动力来自公权力内部的类型（以下简称"内部类型"）较之来自公权力外部的类型（以下简称"外部类型"）更多地带有计划经济体制的色彩。在内部类型的两个案例——"邮政专营权"和"三网融合"案例中，都有着政企不分的一面。"邮政专营权"案例发生在《邮政法》修订工作开启的 1999 年，邮政尚未完全实现政企分开。在当时的情况下，邮政管理部门既是"运动员"又是"裁判员"，这使得其难以站在客观公正的立场去修订这样一部涉及自身利益变动的法规。即便是在 2007 年邮政业务划分到新组建的中国邮政集团有限公司,形式上实现了政企分开,邮政企业和邮政管理部门之间也有着密切的联系。① "三网融合"过程中也有着类似的情况,"三网融合"中争夺主导权的国家广电总局和工信部都没有完全实现与市场活动的切割。广电行业还处于行政垄断状态,没有实现政企分开,大大落后于市场经济建设的步伐。电信行业自1998年邮政电信分开以来,一直没有停止改革的步伐。截至2016年,电信业形成了中国电信、中国移动、中国联通三分天下的格局,与其监管部门工信部实现了政企分开。但工信部作为政府机构是不是独立的监管部门还有争议,有学者认为工信部还是属于"政监合一"的模式。

这种政企不分、政监合一因素的存在,使得公共政策在制定或执行过程中很难按照设定的正确路线行进,进而造成公共政策公共性的流失。这是社会转型期旧体制未完全消解而为公共政策公共性的流失提供了空间的表现。政企不分、政监合一使得政府充当了企业的角色,进而使得市场本应存在的自由竞争被垄断所取代。这种垄断会导致机构臃肿、效率低下等现象,也使得技术创新、管理创新受到压制。同时,政企合一模式下的企业没有市场风险的压力。一旦此类企业发生亏损甚至倒闭,会让基于公共财政的政府买单,进而会造成纳税人的损失。现代市场体制的形成要求市场在资源配置中能起到决定性作用,要求完善的市场准入和退出机制,打破行业垄断和地区限制,实现各种要素在市场中自由流动和充分竞争。中国社会转型前的实践已经证明政企合一模式很难带来高效率。而在社会转型期,这种模式并未完全退却,在一些领域仍旧存在,并在一定程度上导致了公共政策公共性的流失。

在外部类型的两个案例——"郭京毅案"和"郑筱萸案"中,我们可以看到新体制未完全建立对公共政策公共性所带来的影响。"郭京毅案"中面对赛博收购苏泊尔,炊具业的反对声竟然敌不过受过苏泊尔

---

① 访谈记录,20160410。

老总贿赂的郭京毅的一句话——"一口锅不会影响国家安全"。在此需要诘问的是什么让本应有的通过不同利益集团之间相互博弈来达到"帕累托最优"的机制失去了作用。市场经济体制下本应该拥有的公平竞争在行业主管者的贪腐中被遮蔽。一个政府与市场边界清晰、政企分开、政资分开、政事分开、政监分开的体制如无法完全建立，那么就容易造成在公共政策的制定或执行过程中，其公共性发生流失，而这种公共性流失往往是隐匿在新体制的建立过程当中的。郭京毅和郑筱萸在其部门都扮演着改革者的角色，积极地制定本部门的法律规章，试图完成本部门下的行业从计划经济体制向市场经济体制的转型。但在这个过程中，由于权力监督的缺乏，新法规的制定为他们牟取个人私利提供了空间。在这种市场经济体制尚未完全建立的情况下，拥有较大自由裁量权和资源配置权的一些政府部门或官员会利用这种新体制尚未完善的机会，企图实现其更多的有违公平正义原则的收益，并将这种收益常态化、制度化。这种将公权力资本化的官员或部门形成了权贵资本利益集团，其与受旧体制荫庇的既得利益者一道，成为阻碍改革推向深化的力量。

也应看到，内部类型较之外部类型更具有隐蔽性。依照对腐败类型的划分，公权力自谋自利的情况属于"灰色腐败"的范畴，而公权力被捕获的情况则属于"黑色腐败"的范畴。比起"黑色腐败"即直接的权钱交易，"灰色腐败"虽然本质上也是"以权谋私"，但并不直接地表现为权钱交易。因此作为"灰色腐败"的公权力内部自利更不容易被发现。毋庸置疑的是公权力内部也有着自身的利益，并且这些利益的存在导致了其自利或被外部捕获情况的发生。对于政府利益的来源，公权力被捕获指的是公共部门或私人部门的个人、群体或企业为了自身的利益，通过向公职人员提供非法的个人报酬的方式来影响法律、规章、法令等的制定和执行。综上所述，公权力被捕获有着明显的权钱交易特点，是一种"黑色腐败"，而公权力自谋自利却没有明显的交易色彩，是一种"灰色腐败"。所以，从动力来源的维度进行比较，公权力内部的自谋自利比被外部捕获更具有隐蔽性，也具有更强的潜在危害性。

中国的社会转型，在前期阶段有一定的非规范性——"摸着石头过河"。同时，由于改革在不同领域、不同地域的推进力度和速度存在着差别，政策探索空间和应用空间都比较大，政府可以赋予某部门或某地区较大的自由裁量权来推进改革，因此，政府的主导性较强。在建设成熟的社会主义市场经济体制的道路上，前一阶段的改革思维不能简单地拓展和延续，而是需要更为自觉的理性思考和更加系统的制度设计（史卫民，2005b）。随着改革领域和地域的扩大以及改革探索权的普遍化，政府通过行政手段主导改革的能力会受到挑战。这意味着，过去偏重"试错"的改革方式要调整，改变以前的各部门、各地区无序改革的局面。

7.1.2 政策制定类型与政策执行类型的异同

从纵向看，四个案例的对比可以归结为政策制定类与政策执行类的对比。"邮政专营权"案和"郭京毅案"属于政策制定类型，而"三网融合"案和"郑筱萸案"属于政策执行类型。通过对两种类型的对比，有助于我们更好地认识公共政策公共性流失发生的具体机制。

从政策过程的视角看，政策制定过程中的公共性流失要比政策执行过程中的公共性流失更不容易被发现。一个很重要的原因是，比起政策执行中的直接感知，相关民众在政策制定中参与不足（刘蓉，2019）。特别是处在社会转型期的中国，政策制定体系中公民参与存在很多不足，其主要体现在以下三个方面。其一，中国的公民参与更多地表现为由公权力部门所控制的自上而下的参与模式。公权力部门决定议题和参与的程序，公民只能被动地接受，从而挫伤了公民参与的积极性，也让公共政策的公共性难以得到有效保障。其二，尽管中国公民可以通过选举人大代表及推荐政协委员的方式间接行使公民参与权，但由于相关选举、推荐制度的不完善以及贯彻实施的不彻底，公民实际参与程度并不高。其三，受自身教育程度和学习能力的限制，一些公民缺乏参与政策过程的知识和技能，导致公民在政策制定过程中无法进行有效的参与。相较于政策制定，政策执行过程中政策的目标群体对公共政策具有更为直接的表达——理解、接受、支持或不理解、不接受、不支持，这使得政策执行过程中的公共性流失的隐蔽性相对较低。政策制定过程中对公共性构成伤害的腐败往往是一种"上层腐败"（grand corruption）（Rose-Ackerman，1996）。这种腐败类型发生在政策制定、政治决策过程当中，普通民众很难接触到，往往并不了解。而在政策执行过程中所出现的腐败常常是一种"下层腐败"（petty corruption）（Blundo，2006）。这种腐败类型常发生于政策执行的过程当中，比如在行政审批、道路违法执法、环境污染检查等的过程中。下层腐败发生在普通民众的日常生活当中，因此普通民众有更多的感受。对比两种类型的腐败，我们可以看出政策制定过程中的公共性流失更具有隐蔽性，并且与政策执行过程中多发的下层腐败相比更具有危害性（过勇，2013）。政策制定过程中所发生的腐败，不但会引起公共利益的损失，影响所制定公共政策的公共性，更可能会改变国家相关领域发展的趋势和格局。

　　通过横向比较的视角我们可以看出不论在政策制定还是政策执行过程中，权力天生与利益相关，必然蕴含腐败风险。权力的行使偏离了设定的初衷，会演变成某些部门或个人谋私的工具。公共政策公共性的流失乃至于腐败的形成根源都来自权力滥用。权力的行使会影响社会成员的利益，这是权力的属性使然。权力本身并不先天地具有公共性。权力在获得民主政治条件下大多数公民认可时，权力才能具备公共性。此时的权力才会受制于公民的监督并服务于公共利益。公共权力虽具有先天的公共性，但后天的监督与制约仍不可缺少。否则，公共权力在被行使的过程中就容易异化，进而损害在宪制体制中宪法原则所体现出的公共利益。在政策制定和执行的过程中，权力都发挥着重要的作用。只有权力的产生乃至运行都能受到有效的约束和监督，才能保证公共政策的公共性在其制定和执行过程中得到最大限度的维护。

通过以上分析，我们也可以看出政策制定过程中的公共性流失要比政策执行过程中的公共性流失具有更强的隐蔽性，且权力内部的自谋自利比被外部捕获更具有隐蔽性。由此，我们可以得出如图7-1所示的结论：公共政策公共性流失的隐蔽性在制定阶段强于执行阶段，在动力来源方面，公权力内部强于公权力外部。通过比较我们可以看出A类型，也就是"源头自发类型"具有最强的隐蔽性。对于试图利用政策公共性流失来牟取不当利益的机构或个人而言，无疑通过源头自发类型来实现自己的目标隐蔽性最强。源头自发类型作为一种兼具"上层腐败"和"灰色腐败"的类型，对公共政策公共性的维护挑战最大。

                                ←隐蔽性增强

流失阶段 动力来源	政策制定	政策执行
公权力内部	A	C
公权力外部	B	D

↑ 隐蔽性增强

图7-1　四个公共政策公共性流失类型隐蔽性强度分布

资料来源：笔者自绘。

7.2　社会转型与政策公共性的互为建构

7.2.1　社会转型引发的公共政策产生体制的改变

社会转型的发生意味着社会要经历经济、政治、文化，乃至社会整体结构的解构与重构。社会结构的变化不仅意味着原有的社会结构被打破，也意味着新社会结构的形成。而新的社会结构会影响社会运转的方方面面，包括公共政策的产生体制。

政治方面，由于政府权力相对集中，权力制衡机制很难形成对政府组织利益的有效制约。一是人民代表大会对于政府的制约缺乏应有力度，以及立法权无法对行政权实现有效约束。人大的授权是各级政府权力的来源，所以人大有权力监督政府。但在实际的运行过程中，人大对于财政权和人事权两个有效制约手段的使用都缺乏充分的自主性。对于同级政府的财政预算，人大及其常务委员会往往很难形成实质性制约。政府往往借口经济发生变动，而对既定的预算进行修改，从而使得人大试图通过控制财政权来约束政府的想法变得很难完全实现（韩灵丽，2013）。人大对于人事权的控制是人大行使有效监督的重要手段，但在实际的运行过程中，"党管干部"等机制的存在，使得人大在人事任免方面没有充分的自主性，对于"空降干部"和"异地调任"的干部，人大在人事表决时，也缺乏对干部充分的认识。人大对财政权和人事权名义上的管辖权要大于实质上的管辖权，这使得其对政府的监督难以形成实质上的制约。二是司法机构对行政机构的司法审查还有待完善。司法审查具有两个层面的意义：司法机构对立法机构所出台的法律是否合乎宪法的审查和司法机构对于行政机构行政行为是否合乎宪法的审查（胡锦光，2006）。司法审查权的本质是国家权力结构问题，比如在美国的三权分立架构中，法院拥有对法律解释的终极权力，而不是只强调议会立法的权威。这是在美国宪法可以司法化的理论根源（蔡定剑，2005）。在中国由于全国人民代表大会掌握着国家最高权力，所以对于宪法的释义与其适用的规定被全国人民代表大会及其常委会掌握。因此，司法审查权在中国有着不同于其他国家的特殊实现形式。对于行政机构的司法审查，1998年4月通过的《中华人民共和国行政诉讼法》成为中国行政司法审查的基石。尽管2014年修订的行政诉讼法扩大了法院对行政案件的受理范围，但应看到，司法机构目前对行政案件的接受范围仍然十分有限。

经济方面，中国的市场经济发展还不完善，一些非市场经济因素，如行政垄断等的存在为政府组织利益的产生和持续提供了条件。面对市场经济开放的要求，一些既得利益团体会通过对各领域的侵入以及制造壁垒来获得"特殊待遇"，提高潜在竞争对手的成本，例如可以设置较高的产品标准和技术标准或利用与政府的关系获得采购合同或财政补贴等。由于中国政府决策过程的相对集中和不够透明，垄断企业可以利用与政府部门或行业主管部门的"良好关系"，对政府决策施加影响。以国有垄断企业为代表的大厂商，与众多规模小而且比较分散的私有企业相比，前者具有明显优势。它们可以与政府部门或行业主管部门结成利益联盟，从而享受着众多政策优惠，如融资、税收、补贴等。这会形成一种很明显的不平等竞争。

文化方面，中国作为一个有着几千年封建历史的国家，封建残余思想还在一定程度上存在。封建主义残余表现为缺乏民主和法治，具体表现为家长制作风、特权观念、宗法观念、官本位思想、任人唯亲等。这些封建残余是源头自发类型公共政策公共性流失产生的重要历史根源。在"郑筱萸案"中，对于亲人的纵容是郑筱萸滑向腐败深渊的重要原因。正如郑筱萸在庭审中所谈到的，他起初并没有将妻儿参与医药行业的相关活动，包括出任顾问、投入股份、间接经营等视为不妥。在中国转型期，对于一些领域所出现的家族式腐败现象，一些人甚至认为理所当然，甚至一些"不粘锅"式的清廉干部受到亲属的不理解。这说明，文化具有一定的历史惯性，它有时会滞后于社会转型的变化。这种文化观念的滞后，为源头自发类型的公共政策公共性流失提供了理念动力根基。

综上可以看出，转型期中国由于政治、经济、文化方面的相关制衡因素的缺乏，政府可以在政策过程的源头实现自谋自利。制衡因素的缺乏使得政府组织在获取非正当收益时，可以利用其自身所具有的公权力代表的地位。由此看出,政府组织获取不正当收益具有更强的欺骗性和隐蔽性。

同时,社会转型特别是社会结构的变化会对公共政策产生体制的权力分配、组织架构、运行规范产生影响。

社会结构的变化会影响公共政策产生体制的权力分配。处在社会转型期的中国,原有的计划经济体制被打破,市场经济体制发挥着越来越重要的作用。从《邮政法》修订过程中我们可以看出,站在不同的视角会对《邮政法》作为公共政策所应具有的公共性产生不同的解读。在邮政部门看来,邮政专营是有利于邮政行业长远发展的,设置邮政专营有利于维护《邮政法》的公共性。而从民营快递和大部分消费者的立场来看,邮政专营是行政垄断的表现,会增加社会运营的总体成本,只有充分竞争的市场经济体制才有利于实现公共利益的最大化。由单一经济体制向市场经济体制的转变会使影响公共政策产生的主体更多元化。市场经济体制下的公共政策产生体制的权力分配较计划经济体制更为分散。

社会结构的变化会影响公共政策产生体制的组织架构。社会转型会引起社会结构之一的经济结构的变化。社会转型期,随着科学技术的发展,新的经济形态不断出现。如数字技术的发展,带来了"三网融合"新的经济形态。作为一种新的经济形态,"三网融合"不仅有助于社会总体运行成本的下降,而且有助于人们更好地享受信息化所带给人们的便利。新的经济形态的出现,是经济基础在一定程度上的变化,这就要求作为上层建筑的政治及其架构做出改变来迎合经济的新变化。在"三网融合"困境的案例中,我们可以看到随着技术的进步,三网融合成为大势所趋,但目前的监管组织架构却阻碍着三网融合的发展。就是说,经济基础虽然起了变化,但上层建筑并未做出相应的改变。也可以理解为,生产力有了提高,但生产关系并未随着发生改变。固化的上层建筑或生产关系,不利于生产力的提升。社会转型所带来的社会结构的变化，要求对应的公共政策产生体制发生变化。如果后者不发生变化或变化的速度不及前者都会使社会的发展受阻。

社会结构的变化会影响公共政策产生体制的运行规范。工业化社会来临之前，社会的运行规范是宗法，而来临之后，社会的运行规范是法律。也可以说，工业化社会之前主要体现为人治，而工业化后的社会其主导规则是法治。当然，法治的应有之义是"良法"之治。在"郭京毅案"中，我们可以看出虽然在外贸领域我国已经重视通过法律法规来规制相关行为，但法律法规的制定还带有人治的影子。在修改关于外资持股比例等问题上，郭京毅等可以轻松地通过修订法规条款来达到为其"金主"服务的目的。由此可看出，在我国转型期，要完全摆脱"人治"全面走向"法治"还需要一段很长的路要走。在对曾与郭京毅共事的一位商务部条法司工作人员的访谈过程中，被访人对郭京毅的印象是霸道专横，做事大都只看感情，不管规则。[①] 社会结构向工业化社会的迈进，乃至向后工业化社会的迈进要求公共政策的产生体制摆脱对于宗法、人治的依赖而走向对法律、法治的倚重。

7.2.2 政策公共性对于跨越转型陷阱的意义

公共政策公共性如能得到充分的维护，将有利于社会平顺地度过转型期。而如果公共政策的公共性发生流失，社会转型就容易停滞，甚至滑向转型陷阱。

对此论断一个很好的示例就是部分拉美国家陷入"中等收入陷阱"现象。拉美国家在经历了20世纪50~80年代的经济腾飞后步入了中等收入国家行列。但由于多方面问题的困扰，80年代后的拉美国家经济陷入停滞，以现代化为导向的社会转型迟迟无法实现。在拉美转型陷阱的形成过程中，一个很重要的因素在于其一系列公共政策的制定和执行

---

① 访谈记录，20170225。

偏离了政策所应遵守的公共性轨道，进而导致了区域发展失衡、收入差距过大、腐败现象严重、生态破坏加剧等问题。

与中国一样经历过计划经济体制的俄罗斯，在社会转型的过程中没有有效地维护公共政策的公共性，进而导致了社会转型阻力重重。俄罗斯在政体转变后一些官僚迅速转化为权贵，直接与民夺利，而公共政策公共性的缺失，成为这些权贵攫取不合理收益的保护伞。在俄罗斯金融集团的形成和壮大过程中，行政当局在公共政策方面的支持起了重要作用。时任俄罗斯总统叶利钦在1993年12月颁布了《关于成立俄罗斯金融工业集团的总统令》，其后的1995年4月又颁布了《关于促进俄罗斯金融工业集团建立并开展活动措施的总统令》，在这些公共政策的庇护下俄罗斯的金融集团从无到有，出现了井喷式增长。权贵阶层可以轻易地将国有财产转化为个人所有。1992年俄罗斯的金融工业集团仅有1家，而到了1997年则发展到150家（赵定东，2007）。这使得财富在很短的时间内集中和垄断在少数人手中。另外，在社会转型过程中，俄罗斯众多特殊利益集团凭借向议员、法官和行政官员贿赂等手段将有利于自身的公共政策纳入相关的法律规章当中（张慧君，2006）。在俄罗斯社会的转型过程当中，政府在从社会经济领域的退出过程当中，忽视了发挥政府的基本职能，忽视了对于公共政策公共性的维护，使得政府不再是一个维护法律和秩序的公共权威。公共权力以及公共权力所应保障的公共政策公共性都随着政府的弱化而被官僚利益集团甚至是私人组织所攫取。俄罗斯政府推动的以产权私有化为核心的激进的经济制度变革不仅没有造就一个有效的市场经济，反而为各种利益集团掠夺国家公共资产创造了便利。公共政策公共性的缺失不仅使产权在实际的运行过程中难以清晰界定，而且使得各种市场契约的实施只能依赖封闭的关系网络的支持。这也进一步导致了俄罗斯社会发育的迟缓，加剧了其社会转型期政治、经济和社会秩序的分裂和混乱。一个成熟的现代社会是支撑转型顺利进行的社会基础。由于公共政策公共性在转型期俄罗斯难以得到有效维护,其迈向以法治和民主为特征的现代化社会转型之路更加曲折、漫长。

虽然社会转型不是一个简单的现代化的过程:每一个国家的社会转型都受到其自身文化历史传统、经济发展水平的影响,但社会转型中公共政策公共性能否得到有效维护对每一个国家的社会转型都至关重要。公共政策公共性的有效维护,将对一个国家的社会转型的顺利、平稳起到积极作用。

7.3 公共政策公共性的维护路径探讨

7.3.1 政策议程设置的公共性维护

正如之前所论述的,公共政策公共性流失的产生很大原因在于政策制定过程的不民主、不公开、不公正。政策制定,所涉及的问题不仅局限于政策领域本身,而且关系到其政治民主发展水平。如何建立一个具有优良决策体制的政府呢?综观当今世界,为应对各种不确定性所带来的挑战,各国都在探索公平有效的决策模式。探索当代国家政策制定的有效模式意义重大,因为它关系到政权的合法性,关系到政府的能力建设。政策制定过程包括议程设置与决策过程两个阶段。政治学研究将这两个阶段视为权力的两个方面。

公共政策中的"公共"(public),其古典含义有两个来源:一个是希腊词 Pubes,本义是"成熟"(maturity),进而衍生为公共,意思是一个人的身心都已发展成熟,并能够认识自我与他人之间的联结;另一个来源是希腊词 Koinion,其衍生英文词为"共同"(common),而 Koinion 又由 Kom - ois 衍生而来,后者的本义是"关心"(care with)(詹中原,2006)。公共政策应具有公共性,也就是要以民众问题为导向。如果大多数民众有同样问题,政府应将相关问题纳入议事日程,并提出解决方案。若公共政策的公共性发生了流失,那么其就有可能变为为某些阶层、团体甚至个人牟取私利的工具。正如学者亚里士多德所说"人是天生的政治动物",政治的存在在于使其公民经由共同参与的生活而获得幸福。哈贝马斯(1999)认为公共性来自符合公共利益的公式。公共性因时空的变换而存在差异,并且不同的人站在不同的观察视角也会对公共性产生不同的看法。戴维·伊斯顿(1999)从政治系统理论的视角认为公共政策是政治系统的输出,而政治系统的需求和支持则来自公民或团体试图实现自身利益而表达出的共同性主张,并且公共政策作为对公共利益的权威性分配,应该具有公平性。罗伯特·达尔(2003)从结构功能主义方法论角度认为,在民主社会个人及团体之间互动所形成的利益格局是公共性的体现。在多元社会中,公共性往往通过公民或团体的利益分享来具体体现。制度分析学则以交易成本理论来审视"公共性",认为公共性表现为相互独立又相互依赖的交易双方的共同利益,并且交易双方的风险是相同的,这使得交易关系会保持较高的持续性和稳定性。公共政策关乎着共同体内公民的福祉,因此在其被制定和执行的过程中制度因素抑制着可能出现的机会主义行为和任意行为。公共选择学派则从个人主义出发,认为公共性主要体现为将个人偏好转化为公共政策的集体选择。该学派认为,类似于市场选择,公民的集体需求决定公共物品的供给,且公共政策的产生并不取决于某一选民,而是共同体内所有选民的集体选择。

以上关于"公共性"理论的梳理为我们理解何谓"公共性"提供了多维的视角。但不论何种理论学派必然涉及是谁的公共性的问题。公共政策是在开放空间而非私人领域内所形成的共识。"共识"旨在追求长远利益和公共利益,而非短期利益和个人私利。但这种"共识"不应只是多数人的公共性,而应该尽可能地保护少数;并在对少数人组成的强势群体加以限制的同时,也应该保护具有正当利益诉求的弱势群体。政府作为公权力机构,一方面它代理公民的权力,另一方面它需要遵从公民的意见,来为社会大多数公民的共同诉求提供公共服务。

公共政策制定过程存在两个关键因素：一是政策目标及其优先序的选择；二是实现政策目标的工具选择和整合。客观上，政策制定参与者可以通过沟通或协商在其核心决策层确定政策的目标及其优先序和工具组合，然后运用其权威以科层制的方式传达到政策的实施层面（张小劲、古明明，2014）。在政策实施层面，基层政权会同样以沟通或协商的方式来解读政策目标，并在政策实施过程中选择相应的工具组合。并且，有时核心决策者和基层政策实施者还会就政策目标、政策工具选择，以及实施强度展开讨论或协商。一般而言，除了那些目标本身就很模糊的象征性政策外，政策核心决策者对于政策目标机器优先序的确定具有较高的权威，而且政策工具的选择也不一定受地方政策实施共同体压力的影响。但是，地方政权对于政策工具的选择在一定的范围内会被政策核心决策者鼓励和倡导，即所谓的地方层面的政策创新，其实这是政策在地方层面的再制定过程。

不过，地方层面在重新界定政策的时候需要策略性和技巧性地运用沟通与协商的方式来获得政策核心决策者的认同和支持，因为这样会提高基层政策制定的合法性。因此，存在这样的可能，当中央政策在地方实施时，地方政府会将自己的利益加入被实施的政策中去，或对中央层面的政策在实际行动转换过程中进行重新的界定和解释，这会极大地消解和扭曲政策原来的意图和目标取向，进而使得中央层面的政策无法得以贯彻实施。政策目标的优先序是如何确定的？财政预算、价值判断以及利益集团的影响都会对政策目标的顺序选择产生影响（赵德余，2006）。当然，对某个利益集团而言，更突出的情形是，什么样的契机会使仅有该利益集团的诉求被列入政策目标组合中，并且其他利益集团的特定目标或公共目标被排挤出政策目标组合，从而实现一举进入政策目标有限序列的前列，成为政策决策层最优先或最迫切需要达成和实现的目标。当上述某个利益集团的企图实现，公共政策的公共性会面临挑战，公共性就存在流失的可能。

公共政策的公共性具体体现在三个方面,分别是公正性、公平性和公开性。公正性指公共政策应具有合理性。理性是公共政策研究所涉及的范畴之一。理性且科学的决策是公共政策合法化的前提。公共政策应包含的五种理性有:第一,技术理性,即公共政策是否有助于解决人类所要挑战的技术难题;第二,经济理性,即公共政策能否有助于提升社会效率,使最低的成本能产生最大的收益;第三,法律理性,即公共政策能否成为具有合理性的法律法规;第四,社会理性,即公共政策是否符合社会的公序良俗;第五,实质理性,即政策所追求的上述四个理性之间的冲突能否得以解决(陈庆云,1996)。从科学制定公共政策的角度而言,合理性是公共政策的重要基石。政策的制定不一定要做到最佳,但要求政策决定者知识广博,掌握资料信息全面准确,并能严密逻辑推理,减少未来预测的不确定性。同时,公正性也是公共政策合法性的一个重要表现。政治系统借助公共政策来平衡和协调公民利益。要让公众接受公共政策,必须使公共政策从形式到内容都是合法的。所谓形式合法,即政策的制定及实施能够使民众的利益得以协调、平衡且符合大多数民众的长远利益。只有这样,公共政策才可能被民众认可和接受。公平性则意味着公共政策必须包含平等观。公民每个人都会被平等地分配基本的权利和义务,这是平等性在公共政策中所应起到的作用。应看到,公平存在于两个维度:横向公平和纵向公平。当我们在考虑给予目前所处环境中的人公平的时候,也要着眼于能够给予将来的人公平,即可持续发展的代际问题。公众在一切重大公共事务上拥有知情权、参与权和监督权。对公共政策进行公示,将有助于落实公众对于政府的监督,同时有助于公众理解政策的意图,从而使得政策的落实能够有更加稳固的基础。

公共政策作为政府治理社会事务的工具,其出发点和落脚点是促进公共利益提升(孙柏瑛,2002)。但受环境、公共政策主客体等因素的影响,公共性的流失成了很难避免的公共政策实然状态。在我国政策制定过程中存在着政府部门追求部门私利、地方保护主义盛行、利益集团化等一系列致使公共政策公共性发生流失的问题。政府利益、公民参与、公共政策环境等方面都会对公共政策的公共性产生影响。

从公共选择理论的视角看,政治市场的主体包括选民和政治家两类,他们都是理性经济人,都追求自身利益的最大化。在政治市场中,选民是买家,他们用手中的货币——选票,来购买作为卖家政治家的产品——政策。政治家会通过打造最有利于选民的政策来吸引他们投票。但在实际运行中,价值规律在政治市场中发挥得却不是十全十美,这主要是由以下三点原因引起的。一是选民获取信息的渠道有限,他们不可能完全掌握政治市场的行情,为了节省寻找合适政策的时间和精力,他们可能会选择从利益集团那里得到信息。而这种信息往往是不对称的,这就会导致选民在选择的过程中出现偏差,难以选择出能够生产物美价廉政策的政治家。二是政治家自身的行为。政治家作为卖方在政治市场中完全可以凭借垄断地位而出租权力,从而为某些利益集团和个人进行贿赂提供了可能,进而导致政治家在制定政策时,会将行贿者的利益置于"消费者"——选民的利益之上。三是官僚的行为。同样作为经济人的行政官僚,会将追求本人及其所在部门的利益放在第一位,而官僚们的个人理性很难汇总为集体理性,因此在制定政策时,存在所制定政策对本部门有利而对选民不利的情况(谈火生,2007)。同时,官员自身能力的不足也会导致公共政策公共性的流失。由于社会的发展,公共政策所牵涉的领域越来越多,要去解决的问题也更加复杂。这需要政府官员具有较强的知识储备来制定高质量的公共政策。现实中政府官员往往很难做到对某个领域的相关知识有全面深入的了解,故只能凭借感觉去做决断,结果往往使得公共政策的公共性很难得到有效维护,进而削弱了公共政策的公共性。当然,除了官员的专业性知识不足外,在缺乏有效监督下,官员道德缺失也会造成公共政策公共性的流失。

公民参与的缺失是公共政策公共性流失的另一重要原因。虽然大规模且无序的政治参与并不一定会产生理想的政治预期，但民主政治发展程度的一个重要指标——公民参与，仍旧是防止公权力滥用，维护公共政策公共性的重要条件。目前，我国存在着公民利益表达渠道不畅通，公民政治参与意识薄弱等问题，这些成了阻碍公共政策公共性实现的因素（褚松燕，2009；景跃进，2011）。公民可以参与政治运转的过程，并可以顺畅无阻地表达自身的利益诉求，有利于在各个环节保证公共政策的公共性。还有，某项政策能否被贯彻执行并实现预期目的，公民在多大程度上接受它起着很大作用。假如一个政策是公众支持认可的，他们就能够自觉地遵从并协助政府官员落实好政策。反之，这项政策的实施将会面临公众各种手段的抵制。并且，民众的参与将有利于政治系统更好地感知外部环境对于自己的评价。而在现实中，政府机构常常既是制定者、执行者也是评估者，这就使得对于公共政策的评估容易出现偏差。因此，让公众做评估者，可以相对有效地评估政策的公平性。但我国公民在政策制定过程中存在着参与渠道有限，同时参与积极性不高的问题。其中一个重要原因是参与公共政策意味着大量时间和精力的付出，而相较于付出，参与者所能得到的收益却相对有限，因此作为理性经济人的公众，更愿意"搭便车"而不是积极参与其中。

另外，部分公共政策有着较强的专业性，这也成为目前公众较少参与公共政策各个环节的重要原因。目前，民众参与公共政策相关环节的渠道有两种。一种是通过选举人大代表来间接地参与人民代表大会或被选为政协代表参与政协会议，以此来表达自己的利益诉求。但目前在有些地方人大相关的选举还流于形式，并且选民对于候选人缺乏充分的认识，更不用说能够向代表自己的人大代表表达自己的关切了。另外一种是政府为民众能够更加方便地参与政治沟通而开设的信箱、热线、论坛等。这些沟通渠道的设立虽然在一定程度上有利于民众更好地表达自己的利益诉求，但也存在着缺陷。像有些关于价格类的听证会，往往是走过场，甚至存在着"逢听必涨"的现象。本来参与公共政策的途径就不多，一些流于形式的渠道，使得公民更难以清晰地表达自己的需求。

对于公共性的维护，在市民社会（citizen society）逐渐成熟的当下，公民意识的觉醒已使得对于公共事务的维护已经由原来的精英阶层逐步扩展到社会大众层次。然而在传统的公共政策研究方面，"公共性"问题并未引起足够的重视。赫伯特·马尔库塞（Herbert Marcuse）认为公共性的流失在于人们对于技术理性的过分自信以及私人资本的发达，还有大众媒体被控制（Marcuse，2013）。在崇尚"技术治国"的现代社会中更应该鼓励公民的社会沟通及参与，增进公民的自主性，使公共领域的人际互动更为充分。公共性目前已成为公共政策研究中不可忽视的一个焦点，罗伯特·贝拉就明确主张，一个公平社会的建设与理性的公民参与是分不开的（Bellah，1992）。换言之，"公共性"是社会是否公平合理的重要前提之一。公共性是政府部门进行公共管理，维护社会公正，确保社会发展稳定的重要条件。这就需要公共政策必须从社会多数人的公益出发来制定和执行。公共政策的相关制定和执行人员应该具有促进公民精神的认知，并能通过充分的沟通与公民就共同的利益达成共识。政府部门中的公共服务者，应该尊重以民众为基础的协同合作，如果仅仅关注个别成员的利益，就长期看相关合作终究会失败。

奥克森伯格在题为《中国的政治系统：21世纪的挑战》一文中认为在20世纪90年代中国倾向于市场经济的力量在增强，这使得包括"碎片化威权主义"等概念不足以形容现阶段中国政治体制的复杂性，因为这是一个静态模式，而中国在不断发生变化（Oksenberg，2001）。

学者王绍光和樊鹏在《中国式共识型决策："开门"与"磨合"》一书中以医改政策为案例，对政策参与结构的六个层次进行了分析。他们将参与政策过程的参与者划归在六个层次内。其中，内三圈的最高决策者、协调机构和制定部门是具有决策权的群体。而外三圈包括普通群众、政策研究群体和有组织利益集团，他们只是政策过程参与者，并不具备直接影响政策过程的能力。外三圈与内三圈在"开门"和"磨合"

两个机制下展开联系与运作。王绍光、樊鹏所运用的"开门"一词是指在政策制定过程中决策者与外部的交流与互动。在中国特色社会主义民主体制下，政治决策者与普通民众或者利益相关者之间的交流与民主体制下的交流有着很大不同，其是通过"闯进来"、"请进来"与"走出去"三种形式进行的交流。其中，"闯进来"是指利益集团参与政策过程；"请进来"是指邀请专家学者参与决策咨询。王绍光、樊鹏认为"走出去"比起另外两种方式，接触的人群更广泛，更有可能获得一手资料。对于群众而言，"走出去"也是他们意见最有可能被接受的方式（王绍光、樊鹏，2013）。同时，作者也在书中提到了妥善处理"民主"与"效率"的问题，认为决策者有必要把握好"开门"的节奏，尽量减少过分参与所带来的不利影响。与"开门"不同，"磨合"发生在内三圈，它是指政治系统内部的沟通妥协机制。"磨合"也包括"顶层协议""上层协调""下层协商"三种形式（王绍光、樊鹏，2013）。

这种"开门"与"磨合"结合的决策方式被王绍光、樊鹏称为中国式共识决策。王绍光、樊鹏认为比起西方的"闯进来"方式的决策，这种"开门"机制有利于广大民众获得更公平地参与政策过程的机会。另外，中国式决策过程更多地使用协商而非否决来推进。由上可以看出，王绍光、樊鹏提出的"开门"和"磨合"两种协商机制是对"碎片化威权主义"的否定，并试图论证这种共识型决策在政策过程中的政治参与要比西方民主更体现实质民主要求。然而，该书对于决策者如何感知普通群众的利益诉求以及内三圈如何有效地达成共识缺乏充分的论证。一方面，在相对缺乏制度性参与渠道的情况下，很难让代表们准确表达相关利益群体的意见。另一方面，"磨合"机制假设政府各部门之间不存在利益冲突是值得怀疑的。美国学者谢淑丽（Shirk，1993）在分析中国一系列政策的决策过程时指出，为了让政策方案能够取得一致支持，最高决策者往往会基于"平衡主义"来使利益冲突的部门之间达成妥协，这有时会导致底层民众的利益受损。"共识型决策"理论框架虽然回应了"碎片化威权主义"理论中所指出的中国政策制定过程中的一些不足，但这个框架的成立还需要更多经验证据的支撑。有学者认为兴起于 20 世纪 80 年代末期的协商民主（deliberative democracy）中和了倾向于"威权主义"的精英民主和倾向于"共识型决策"的参与民主，强调建立在审慎思考与理性讨论基础上的协商（谈火生等，2014）。

有学者认为，中国目前的改革遭遇了"碎片化威权主义"所带来的挑战（Cabestan and Black，2004）。在近年来的"再分配性"政策领域，中国的决策体制难以避免特殊利益集团的阻挠，其制定政策的能力被削弱。公共政策公共性流失的产生与政策制定过程中政策公共性的流失不无关系。那么，政策的公共性是如何流失的？如何能保证政策能体现其公共性？这将是以下部分所讨论的内容。

从政治系统理论的视角来看，公共政策是政治系统对于外部环境所提出要求的反应。根据戴维·伊斯顿的观点，政治系统的输出包括对价值进行权威分配的法律、法规、判决等，这些共同组成了公共政策。在公共政策的形成过程中，其会受到政治系统的输入，即环境对政治系统的要求和支持的影响。在这个过程中，公共政策会受到不同利益集团的影响。一个较为理想的状态是公共政策能在某一特定时间内，体现各利益集团之间斗争所能达到的平衡。但在现实政治生活中，不是所有的利益集团都能够获得对政策形成影响的通道。利益集团的各种游说活动是一种构建通道的努力。游说往往使得决策者逐渐形成对某些特定利益集团的特殊关照。在游说渠道缺乏公平、透明、公正的情况下，公共政策会反映强势利益集团或特殊利益集团的利益。但应看到利益集团理论有时过分强调了利益集团的重要性，而忽视了官员在公共政策形成过程中所发挥的不可替代的作用（詹姆斯·E. 安德森，2009）。

除了上述的政治系统理论视角和利益集团视角，政治精英也是我们理解公共政策制定过程的一个不可或缺的分析要素。因为不论是在政策制定的横向角度,即议程设置、备选方案设计与选择、最终方案内部酝酿、公开征求意见、政策出台(见图7-2),还是政策制定的纵向维度,即由内而外的六类参与主体中,政治精英或者说最高决策者都发挥着重要的作用。其互动机制运作方式是参与结构的内圈与参与结构的外圈在政策制定的各个过程中互动达成共识,其中,内圈是主导。从精英理论的视角来看,公共政策更多地反映的是精英,特别是拥有统治权精英的偏好。政治精英在制定公共政策时,难以避免地会带有自我服务的动机,正如英国阿克顿所言,"权力导致腐败,绝对的权力导致绝对的腐败"。在公共选择理论看来,所有的政治参与者,都试图通过他们的行为获得最大的收益。在民主制下,政党考虑最多的是制定什么样的政策才能为自己赢得更多的选票,而选民则会选择能够使他们的偏好得到最大体现的候选人或参选政党。理性选择理论认为所有的政治行动者像经济行为者一样,是在理性地追逐自身的利益。理性选择学派的倡导者、经济学家詹姆斯·M. 布坎南(1988)认为,政治家的主要活动是出于自身利益的需求,并不会利他而不利己,并且政府是由个体组成的,而个体在一个交换的系统中总是根据自身利益行动,无论是经济系统还是政治系统。作为理性人,处于内圈的最高决策者、部门协调机构

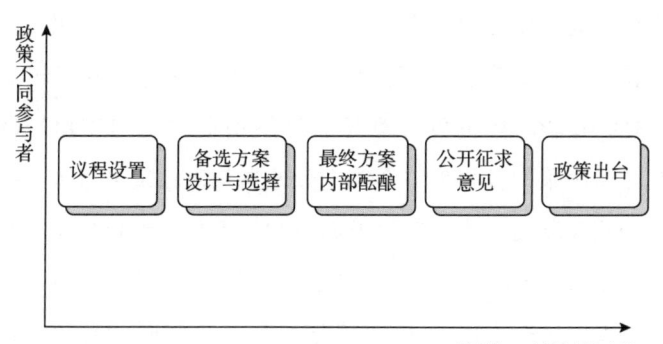

图 7-2 政策制定过程示意

资料来源:王绍光、樊鹏,2013,《中国式共识型决策:"开门"与"磨合"》,中国人民大学出版社。

等会按照偏好的强度由高到低进行排序,当进行决策时,他们会依据自身利益最大化的原则做出选择。

从图7-2可以看出,政策的出台过程是以纵向的各参与主体为基础,结合横向的政策制定进行的。在这个过程中,只有各个参与主体能在政策制定过程的各个阶段充分地参与才能抑制公共政策公共性流失的产生。普通群众对政策制定进程的影响主要体现在"议程设置"和"公开征求意见"两个阶段。在"最终方案内部酝酿"阶段普通群众的意见也有可能会被决策者选择性吸纳。普通群众可以在议程设置初期通过电话、网络等形式影响决策进程。在政策酝酿期,群众可以通过参与调研座谈会或利用公开征求意见的机会影响决策。政策研究群体可以在决策过程的五个阶段通过正式制度渠道或非正式渠道广泛地参与政策制定进程。政策研究可以利用的正式渠道包括参加座谈会、举行专家学者报告会、参与相关课题研究等,可利用的非正式渠道包括独立调研、直接上书、与相关利益集团合作等形式。有组织利益团体也可以广泛地参与政策制定五个阶段的活动,通过直接协助、与公共传媒合作、组织相关研讨会、资助研究机构、行业领袖谏言、有组织上书、向民意代表施压等形式参与政策制定的过程。政策制定部门和部门协调机构会在内部酝酿、征询协商阶段起到主要作用,它们需要对外选择性吸纳意见,对内进行利益权衡。最高决策者在政策制定的过程中发挥着统一指导思想、宏观把控过程、广听各方意见、最终拍板决定的作用。由上可看出,只有政治决策的各个参与者能充分地参与政治决策过程,并形成某种程度上的相互制衡,才能有效遏制公共政策公共性流失的产生。正如詹姆斯·麦迪逊(James Madison)在《联邦党人文集》里所写的那样,"野心必须用野心来对抗",权力的分立与彼此制衡才有利于避免权力的滥用(Hamilton et al., 2008)。

通过上面的论述,我们可以看出政策制定过程中的议程设置发挥着重要作用,因为议程设置是政策形成的第一个环节。美国学者彼得·梅将议程设置的发起者分为政府和民间两类（May，1991）。学者王绍光（2006）在此基础上将政府细分为政策决策者和智囊团两类，从而使议程设置的提出者变成了三类——决策者、智囊团、民间，并使这三类决策者分别和民众参与程度的"高"和"低"两种情形匹配。所以，王绍光认为政策设置模式可以分为六大类，分别是内参模式、借力模式、动员模式、关门模式、上书模式和外压模式（见表7-1）。在动员模式下，在决策者设定政策议程后，会引发、鼓励民众参与到政策制定过程当中。而在关门模式下，决策者认为公众的支持是不必要的。显然，在关门模式下公共政策容易成为议程提出者攫取或维护不正当利益的工具，进而造成公共政策公共性的流失。在借力模式下，智囊团将自己的方案进行公布，希望能有更多的附和，进而使得决策者能重视或采纳自己的意见。与借力模式不同，内参模式下智囊团不会公布自己的方案，而是关注自己的建议能否被决策者所重视。在外压模式下，民间的政策议程提出者试图通过诉诸民意和舆论形成对决策者的压力。在上书模式下，民间的政策议程提出者希望通过写信等形式将自己的政策建议反映给决策者（赵德余，2010）。由此可以看出，公众参与程度对于政策议程设置模式有着重要影响，公众参与程度高的相应模式下，政策议程设置更能体现出民众的声音，从而缩小公共政策公共性流失产生的空间。

表7-1 政策议程设置模式

公众参与程度	议程提出者		
	决策者	智囊团	民间
高	动员模式	借力模式	外压模式
低	关门模式	内参模式	上书模式

资料来源：王绍光，2006，《中国公共政策议程设置的模式》，《中国社会科学》第5期。

当然，除了上述议程设置模式外，其他因素也会对议程设置产生影响，如决策者的意识形态因素，以及政府的预算约束问题。当然，利益集团也会对政策被选方案产生影响，而不仅仅影响议程设置。因此，让各利益集团公平、公正地参与政策议程是遏制公共政策公共性流失产生的关键举措。同时，应解决政府在公共政策制定协商过程中的"不愿协商"问题，并委托专业机构或购买服务展开科学、规范的协商以提升政策制定中的公民参与程度和公共政策的合法性（谈火生，2016）。公共政策制定过程中公共性的维护有利于政策执行成本的减少、失败风险的降低。

7.3.2 行政自由裁量权使用的公共性维护

公共政策执行是将制定好的政策进行落实的过程。政策执行是解决政策对应问题的关键所在，是实现政策目标的中心环节之一。不是所有的公共政策制定完结后，其政策目标就可以自然而然地实现。公共政策执行过程是一个多重因素相互影响，多个利益主体相互博弈的过程。在政策执行过程中，各个利益集团会竭力去施加影响，这使得公共政策执行过程成为容易改变公共政策结果的一个阶段。制定好的公共政策能否落实关系到政策问题的解决和政策目的的最终实现与否。公共政策的实践证明，好的公共政策并不一定会产生好的社会效果。公共政策执行过程中的延迟或失误以及条块分割的行政体系所带来的"上有政策，下有对策"等问题，会严重地影响公共政策效力的发挥（王仰文，2011）。

通过前面对四个公共政策公共性流失类型的描述和分析，我们可以看出政策执行过程中的政策公共性流失主要来自公权力内部的自利行为和公权力外部的权力捕获。因此，要解决公权力内部的自利行为，需要在政策的执行过程加强对公权力行为特别是行政自由裁量权的约束。要防止公权力外部的权力捕获，则要扎紧制度的牢笼，防止以行贿、受贿为代表的腐败行为的发生。

政策执行过程中的行政自由裁量权是一种行政自治，是一种主动的权力，具有自我扩展的冲动（艾烨，2019）。行政自由裁量权的使用必须遵守一定的运行规则，其中很重要的规则便是权责一致。权责一致是指各政策执行主体执行什么样的任务，就会被赋予什么样的权力，同时需要担负什么样的执行责任，达成任务后会享有什么样的利益，即做到权力和责任一致，责任和利益的统一。公共政策的执行是一个权力和责任共存的体系。在这样一个体系中，政策执行者必须遵守权责一致原则。这是因为，如果政策执行者有责任而无对应的权力，公共政策便不会得以执行，这会造成公共政策公共性的流失。同理，如果政策执行者有权力而无责任，则会容易滥用权力，不能尽其职责，也会造成公共政策公共性的流失。

行政自由裁量权所潜在的滥用冲动需要相关权力的制约。其中司法审查权被目前许多国家所使用（王名扬，2007）。司法审查是一种司法救济，其包括对行政程序合法性和正当性的审查（江必新，2012）。除司法审查外，行政执行过程的公开透明也是抑制行政自由裁量权滥用的有效手段（任建明，2012）。国务院在 2007 年公布了政府信息公开条例。该条例为公民掌握行政机构的相关信息提供了法律保障，但政务公开需要进一步提高质量，需要进一步扩大关于公共政策制定及执行的信息公开范围，可借助电子政务等手段方便民众和媒体监督公共政策的制定及执行情况，使权力的运行充分展示在阳光下。

对于在公共政策执行过程中所出现的外部权力捕获问题，应该从制度入手，形成让公职人员不敢腐、不想腐的有效机制。权力捕获现象的发生是制度存在漏洞的表现。中国目前有众多的监督资源，包括执政党监督、行政监督、司法监督、新闻媒体监督，还有社会公众监督等。从表面看虽然形成了一套无处不在、无所不包的监督体系，但相互之间缺乏紧密配合，各种监督资源要么重复设置，要么出现配置盲区，甚至出现相互掣肘的现象，无法形成一种互相关联、互相促进的良好治理结构。这些众多监督资源被分散到孤立的各个部门中，导致监督资源缺乏科学整合，监督的实效性降低，形成了"九龙难治水"的局面。在

"郑筱萸案"中可追溯的最早受贿行为发生在1997年，但其腐败行为直到2006年末才被查处，中间间隔有近10年，这凸显了中国监管机制的薄弱。对监督资源的有效整合要求中国特色腐败治理体系的建设和完善。目前中国已建成了包括法制治理体系、机构治理体系、社会监督治理体系、廉政文化治理体系等较为完整的腐败治理体系框架（杜专家，2017）。但如何让这个框架变得更加有效，如何提升腐败治理的能力，将是中国党和政府下一步面临的问题（杜专家，2020）。在当前既打"老虎"又打"苍蝇"，不断"治标"的同时，应重视对于腐败问题"治本"的腐败治理体系的建设，正如习近平指出的那样，"把权力关进制度的笼子里，形成不敢腐的惩罚机制、不能腐的防范机制、不易腐的保障机制"（《习近平在十八届中央纪委二次全会上发表重要讲话强调 更加科学有效地防治腐败 坚定不移把反腐倡廉建设引向深入》，2013）。只有对权力进行有效的约束和监督并形成对腐败的有效治理，才能有效防止在公共政策执行过程中因腐败的发生而导致的政策公共性流失问题。

7.4 有待深入的公共政策公共性研究

政治很大程度上决定着一个社会是否公平正义，而公共政策正是政治发挥管控、分配作用的重要工具和直观体现。相较于政治理念、政治体制等较为宏观的领域，公共政策是一个相对微观、便于切入的研究对象。通过对公共政策的研究可以洞悉其产生及应用背后的政治观念，以及政府等公共组织的构建和运行。

公共政策涉及对利益的权威性分配。如果利益的分配能够有效地保障社会公平，则有助于社会的进一步发展。相反，若公共政策异化为某一部分人牟取私利的工具，那么利益的分配就很难保障其公平性，社会的长足进步也会因此受阻，因为异化的公共政策容易成为不劳而获或少劳多获的寄生者和搭便车者产生的温床。如果一个转型国家的公共政策公共性无法得到有效维护，那么其很难跨过"转型陷阱"——既得利益群体会阻碍有利于社会公平正义改革的推进，竭力维持对自己有利的体制格局，进而会使得社会发展停滞。因此，对于公共政策的研究，尤其是对其公共性的深入研究具有重要的学术意义和现实意义。

本书通过对公共政策公共性流失典型案例的分析和对比，试图梳理出影响中国转型期公共政策公共性流失的因素。在这个过程中，笔者主要使用了定性研究方法。随着量化研究的发展，特别是大数据研究的崛起，"统计政策学"正成为政策研究的一个重要发展方向。相信未来会有更多学者通过量化为主的研究方法对公共政策公共性展开深入研究。

附　录

附录1　访谈人物一览表

序号	访谈编号	访谈人物	访谈时间
1	20150205	互联网电视牌照持有方——"未来电视"某领导Z	2015年2月5日
2	20150826	歌华有线96196客服H	2015年8月26日
3	20151220	中国联通北京分公司客服L	2015年12月20日
4	20151225	山东有线泰安分公司客服H	2015年12月25日
5	20151226	中国联通泰安分公司客服M	2015年12月26日
6	20160103	清华大学政治学系教授T	2016年1月3日
7	20160227	山东省泰安市满庄镇联通宽带安装工作人员C	2016年2月27日
8	20160228	山东省泰安市满庄镇有线电视安装工作人员Y	2016年2月28日
9	20160301	北京海淀区某小区歌华有线用户H	2016年3月1日
10	20160303	山东省泰安市满庄镇某村有线电视用户S	2016年3月3日
11	20160415	北京市公元律师事务所律师L	2016年4月15日
12	20160410	国家邮政局政策法规司工作人员W	2016年4月10日
13	20160827	宅急送中关村区部清华大学营业厅工作人员D	2016年8月27日
14	20160930	《中国青年报》记者W	2016年9月30日

续表

序号	访谈编号	访谈人物	访谈时间
15	20161011	《南方周末》记者 S、Z	2016 年 10 月 11 日
16	20161115	互联网电视牌照持有方——"未来电视"职员 Q	2016 年 11 月 15 日
17	20170119	泰安电信光彩营业厅负责人 Z	2017 年 1 月 19 日
18	20170219	泰安电信营业厅（佳苑路店）负责人 D	2017 年 2 月 19 日
19	20170225	商务部条法司工作人员 G	2017 年 2 月 25 日
20	20170317	顺丰速运清华园营业厅负责人 X	2017 年 3 月 17 日

附录2 《中华人民共和国邮政法》2009年版关于快递业务的规定

中华人民共和国主席令

（第12号）

《中华人民共和国邮政法》已由中华人民共和国第十一届全国人民代表大会常务委员会第八次会议于2009年4月24日修订通过，现将修订后的《中华人民共和国邮政法》公布，自2009年10月1日起施行。

中华人民共和国主席　胡锦涛

2009年4月24日

第六章　快递业务

第五十一条　经营快递业务，应当依照本法规定取得快递业务经营许可；未经许可，任何单位和个人不得经营快递业务。

外商不得投资经营信件的国内快递业务。

国内快递业务，是指从收寄到投递的全过程均发生在中华人民共和国境内的快递业务。

第五十二条　申请快递业务经营许可，应当具备下列条件：

（一）符合企业法人条件；

（二）在省、自治区、直辖市范围内经营的，注册资本不低于人民币五十万元，跨省、自治区、直辖市经营的，注册资本不低于人民币一百万元，经营国际快递业务的，注册资本不低于人民币二百万元；

（三）有与申请经营的地域范围相适应的服务能力；

（四）有严格的服务质量管理制度和完备的业务操作规范；

（五）有健全的安全保障制度和措施；

（六）法律、行政法规规定的其他条件。

第五十三条　申请快递业务经营许可,在省、自治区、直辖市范围内经营的,应当向所在地的省、自治区、直辖市邮政管理机构提出申请,跨省、自治区、直辖市经营或者经营国际快递业务的,应当向国务院邮政管理部门提出申请;申请时应当提交申请书和有关申请材料。

受理申请的邮政管理部门应当自受理申请之日起四十五日内进行审查,作出批准或者不予批准的决定。予以批准的,颁发快递业务经营许可证;不予批准的,书面通知申请人并说明理由。

邮政管理部门审查快递业务经营许可的申请,应当考虑国家安全等因素,并征求有关部门的意见。

申请人凭快递业务经营许可证向工商行政管理部门依法办理登记后,方可经营快递业务。

第五十四条　邮政企业以外的经营快递业务的企业(以下称快递企业)设立分支机构或者合并、分立的,应当向邮政管理部门备案。

第五十五条　快递企业不得经营由邮政企业专营的信件寄递业务,不得寄递国家机关公文。

第五十六条　快递企业经营邮政企业专营业务范围以外的信件快递业务,应当在信件封套的显著位置标注信件字样。

快递企业不得将信件打包后作为包裹寄递。

第五十七条　经营国际快递业务应当接受邮政管理部门和有关部门依法实施的监管。邮政管理部门和有关部门可以要求经营国际快递业务的企业提供报关数据。

第五十八条　快递企业停止经营快递业务的,应当书面告知邮政管理部门,交回快递业务经营许可证,并对尚未投递的快件按照国务院邮政管理部门的规定妥善处理。

第五十九条　本法第六条、第二十一条、第二十二条、第二十四条、第二十五条、第二十六条第一款、第三十五条第二款、第三十六条关于邮政企业及其从业人员的规定,适用于快递企业及其从业人员;第十一条关于邮件处理场所的规定,适用于快件处理场所;第三条第二款、第二十六条第二款、第三十五条第一款、第三十六条、第三十七条关于邮件的规定,适用于快件;第四十五条第二款关于邮件的损失赔偿的规定,适用于快件的损失赔偿。

第六十条 经营快递业务的企业依法成立的行业协会,依照法律、行政法规及其章程规定,制定快递行业规范,加强行业自律,为企业提供信息、培训等方面的服务,促进快递行业的健康发展。

经营快递业务的企业应当对其从业人员加强法制教育、职业道德教育和业务技能培训。

附录3 推进三网融合的总体方案

国务院文件

国发〔2010〕5号

关于印发推进三网融合总体方案的通知

各省、自治区、直辖市人民政府，国务院各部委、各直属机构：

现将《推进三网融合的总体方案》（以下简称《总体方案》）印发给你们，请认真贯彻执行。

推进三网融合，是党中央、国务院作出的战略部署，不仅是当前和今后一个时期应对国际金融危机的重大举措，也是培育战略性新兴产业的重要任务，对于促进信息产业、文化产业和社会事业发展，提高国民经济和社会信息化水平，满足人民群众日益多样的生产、生活服务需求，拉动国内消费，形成新的经济增长点，具有重要意义，各地区、各有关部门要全面贯彻落实党的十七大精神，以邓小平理论和"三个代表"重要思想为指导，深入贯彻落实科学发展观，加强组织领导，加强协调配合，加快体制机制改革，按照《总体方案》确定的目标、任务和政策措施，抓紧制定具体落实方案，切实抓好组织实施，确保推进三网融合工作的顺利进行。

2010年元月21日

推进三网融合的总体方案

根据党中央、国务院关于深化重点领域的改革，积极推动三网融合取得实质性进展的决策部署，为切实加快推进三网融合，进一步提高国民经济和社会信息化水平，推动社会管理和公共服务信息化，促进信息产业、文化产业和社会事业发展，满足人民群众日益增长的物质文化生

活需要,现制定如下工作方案:
一、推进三网融合的重要意义

三网融合是指电信网、广播电视网、互联网在向宽带通信网、数字电视网、下一代互联网演进过程中,其技术功能趋于一致,业务范围趋于相同,网络互联互通、资源共享,能为用户提供语音、数据和广播电视等多种服务。三网融合是现代信息技术融合发展的必然趋势,是现代信息产业进一步发展的内在需求,是国民经济和社会信息化的迫切要求。加快推进三网融合,是当前和今后一个时期应对国际金融危机的重大举措,是培育战略性新兴产业的重要任务,有利于迅速提高国家信息化水平,推动信息技术创新和应用,满足人民群众日益多样的生产、生活服务需求,拉动国内消费,带动相关产业发展,形成新的经济增长点;有利于更好地参与全球信息技术竞争,抢占未来信息技术制高点,确保国家网络信息安全;有利于创新宣传方式,扩大宣传范围,牢牢占领思想舆论主阵地,促进中华文化繁荣兴盛,保障国家文化安全。

党中央、国务院高度重视三网融合推进工作,将三网融合作为重要任务纳入国家发展战略。近年来,部分城市的广电、电信企业先行开展网络电视、IPTV、手机电视、移动多媒体广播电视、有线电视网互联网接入等试验,受到了人民群众的欢迎,产生了积极的经济效益和社会效益,为在更大的范围、更高层面推进三网融合积累了有益经验。当前,中国已基本具备进一步开展三网融合的技术条件、网络基础和市场空间,加快推进三网融合已进入关键时期。广电、电信业务双向进入政策有待完善和落实,广电有线网络运营机构转企改制刚刚起步,尚未建立全国统一运营的市场主体,有线电视网数字化改造、电信宽带网建设任务还很繁重,网络重复建设和使用效率低的问题有待解决,新形势下确保网络信息安全、文化的管理能力有待提高。各地区、各有关部门要切实把思想和行动统一到中央的决策部署上来,进一步增强紧迫感和责任感,有计划有步骤地扎实开展工作,确保推进三网融合取得实质性进展。

二、指导思想和基本原则

（一）指导思想

全面贯彻落实党的十七大精神，以邓小平理论和"三个代表"重要思想为指导，深入贯彻落实科学发展观，从广大人民群众的根本利益出发，大力推进广电、电信业务双向进入，加快网络升级改造和信息技术创新，加紧培育和建立合格的市场主体，构建适度竞争的产业格局，加强法律法规和政策体系建设，推动体制机制创新，促进信息产业、文化产业和社会事业协同发展；加强和改进网络与信息管理工作，健全和完善文化舆论宣传管理体系，确保网络信息安全和文化安全；加强统筹规划，着眼长远发展，跟踪国际先进技术，确定合理、先进、适用的技术路线，稳步推进网络建设、业务应用、产业发展、监督管理等各项工作，探索建立符合中国国情的三网融合模式，走中国特色的三网融合之路，不断满足人民群众日益增长的物质文化生活需要，努力提高生活质量和水平，推动经济社会又好又快发展。

（二）基本原则

1. 坚定信心，积极稳妥。三网融合意义重大，势在必行，条件基本具备，必须坚定不移地加以推进，务求早日取得实效，同时要充分估计可能遇到的困难，勇于攻坚克难，加快体制机制改革，深入细致地做好各项工作，积极稳妥地组织实施。

2. 突出重点，试点先行。以广电、电信业务双向进入，培育合格市场主体，网络升级改造为重点，按照先易后难、试点先行、循序渐进、扎实开展的要求，有计划、有步骤地推进三网融合，确保取得实质性进展。

3. 统筹规划，资源共享。将通信传输和广播电视传输网建设和升级改造纳入国家重要信息基础设施建设范围，统筹规划科学论证，加强政策扶持，实现互联互通、资源共享，提高网络利用率，避免重复建设。

4. 分业监督，共同发展。广电、电信主管部门按照各自职责分工，分别对经营广电、电信业务的企业履行行业监督职责，共同维护公平竞争、规范有序的市场环境。鼓励广电企业和电信企业相互合作、优势互补，实现共同发展。

5. 加强管理，保障安全。切实加强三网融合条件下宣传媒体的建设和管理，坚持党管媒体的原则，坚持正确的宣传舆论导向，坚持经济效益和社会效益的统一，注重社会效益，改进和完善信息内容监督方式，把新技术运用和对新技术管理统一起来，提高监管能力，加强部门协同，保障网络信息安全和文化安全。

三、工作目标

（一）总体目标

到2015年，实现电信网、广播电视网、互联网融合发展，新型信息产品和服务不断涌现，网络利用率大幅提高，科技创新能力明显增强，国民经济和社会信息化水平迅速提升，网络信息安全和文化安全保障能力进一步增强，信息产业、文化产业和社会事业进一步发展，社会主义进一步繁荣，人民群众享有更加丰富多样、快捷经济的信息和文化服务。

（二）阶段目标

试点阶段（2010—2012年）：以推进广电和电信业务双向阶段性进入为重点，制定三网融合试点方案，选择有条件的地区开展试点，不断扩大试点广度和范围；加快电信网、广播电视网、互联网升级和改进。加快培育市场主体，组建国家级有线电视网络公司，初步形成适度竞争的产业格局；探索建立分工明确、行为规范、运转协调、协同高效的工作机制，调整完善网络规划建设、基础设施共建共享、业务规划发展、网络信息安全和广播电视安全播出、用户权益保护等管理体系，基本形成保障三网融合规范有序开展的政策体系和机制体系。

推广阶段（2013—2015年）：总结推广试点经验，全面推进三网融合；自主创新技术研发和产业化取得突破性进展，掌握一批核心技术，宽带通信网、数字电视网、下一代互联网的网络承载能力进一步提升；网络信息资源、文化内容产品得到充分开发利用，融合业务应用更加普及，适度竞争的网络产业格局基本形成；适应三网融合的体制机制基本建立，相关法律法规基本健全，职责清晰、协调顺畅、决策科学、管理高效的新型监管体系基本形成；网络信息安全和文化安全监管机制不断完善，安全保障能力显著提高。

四、主要任务

（一）推动广电、电信业务双向进入

1. 明确双向进入业务范围。符合条件的广电企业可经营增值电信业务、比照增值电信业务管理的基础电信业务、基于有线电视网络提供的互联网接入业务、互联网数据传送增值业务、国内IP电话业务。IPTV、手机电视的集成播控业务由广电部门负责，宣传部门指导。符合条件的国有电信企业在有关部门的监管下，可从事除时政类节目之外的广播电视节目生产制作、互联网视听节目信号传输、转播时政类新闻视听节目服务，以及除广播电台电视台形态以外的公共互联网音视频节目服务和IPTV传输服务、手机电视分发服务。

工业和信息化部、广电总局要按上述要求，落实现行政策规定，向符合许可条件的广电企业、电信企业颁发相应的电信业务经营许可证和信息网络音视频节目服务经营许可证。

2. 组织开展三网融合试点。研究制定三网融合试点方案，选择一批符合条件的地区进行试点，明确试点业务种类、运营方式、配套措施，指导广电企业和电信企业按照试点业务范围开展相应的业务。有关部门要切实和加强协调配合，共同研究解决试点中出现的重大问题，并及时总结经验，扩大试点范围，逐步在全国范围内实现广电电信业务相互结合。试点所在地的省级人民政府要认真做好相关工作。

3. 加强市场监管。广电和电信部门要认真履行行业管理职责，按照公开透明、公正公平、非歧视原则加强对广电企业、电信企业的监管管理，维护良好的行业秩序。广电部门按照广播电视管理政策法规要求，加强对从事广播电视业务企业的业务规划、业务准入、运营监管、内容安全、节目播放、安全播出、服务质量、公共服务、设备入网、互联互通等管理；电信部门按照电信监管政策法规要求，加强对经营电信业务企业的网络互通互联、服务质量、普遍服务、设备入网、网络信息安全等管理。

（二）加强网络建设改造和统筹规划

1. 加快有线数字电视网络建设和整合。全面推进有线电视网络数字化和双向化升级改造，优化网络资源配置，提高网络业务承载能力和对综合业务的支撑能力，建立符合全业务运营要求的可管、可控、具备安全包装能力的技术管理系统和业务支撑系统。

适应三网融合需要，按照网络规模化、产业化运营的要求，积极推进各地分散运营的有线电视网络整合，采取包括国家投入资金在内的多种扶持政策，充分利用市场手段，通过资产重组、股份制改造等方式，研究提出组建国家级有线电视网络公司方案，作为有线电视网络参与三网融合的市场主体，负责对全国有线电视网络的升级改造，逐步实现全国有线电视网络统一规划、统一建设、统一运营、统一管理。国家级有线电视网络公司要积极推动三网融合进程，积极参与市场竞争，加快开展多种业务，努力为广大用户提供方便快捷、优质经济的广播电视节目和综合信息服务。

2. 推动电信网宽带工程建设。加快电信宽带网络建设，大力推动城镇光纤到户；因地制宜，扩大农村地区宽带网络覆盖范围，全面提高网络技术水平和业务承载能力。

3. 加强网络统筹规划和共建共享。研究制定网络统筹规划和共建共享办法。积极推进网络统筹规划和资源共享，充分利用现有信息基础设施，充分发挥各类网络和传输方式的优势，避免重复建设，实现网络等资源的高效利用。符合统筹规划和共建共享要求的网络建设，要纳入城乡发展规划、土地利用规划和国家投资计划。

（三）强化网络信息安全和文化安全监管

1. 落实网络信息安全和文化安全管理职责。积极探索三网融合形势下党管媒体的有效途径。按照属地化管理，谁主管谁负责、谁经营谁负责、谁审批谁负责、谁办网谁管网的原则，进一步健全网络信息安全和文化安全管理体系切实履行安全监管职责，保障网络信息安全和文化安全。

2. 加强技术监控系统建设。适应三网融合要求，统筹规划建设相应的网络信息安全和文化安全监控系统，充分发挥现有国家网络信息安全监控技术平台、广电信息网络视听节目监管系统的作用，加快技术改造和技术进步，不断提高监控能力，为保障网络信息安全、文化安全提供技术支持。

（四）切实推动产业发展

1. 大力发展新兴产业。鼓励广电、电信企业及其他内容服务、增值服务企业，充分利用三网融合有利条件，大力创新产业形态和市场推广模式，推动移动多媒体广播电视、IPTV、手机电视、数字电视宽带上网等三网融合相关业务的应用，促进文化产业、信息内容产业、信息服务业和其他现代服务业快速发展。

2. 加强信息技术产品研发和制造。从中国实际出发，着眼长远发展，广泛吸收国际先进技术和经验，加大科技攻关力度，努力攻克一批三网融合需要的核心技术，达到世界领先水平。加快研发适应三网融合业务要求的集成电路、软件和关键元器件等基础产品，开发双向数字电视、多媒体终端、智能化家庭设备等应用产品，推动宽带信息技术产品的研发和产业化，推动产业链上下游协调发展。

3. 加快建立适应三网融合的国家标准体系。由质检总局（国家标准委）会同发展改革委、科技部、工业和信息化部、广电总局加强国家标准的整体规划和研究，充分考虑行业应用实际和技术路线特点，加快制定适应三网融合的网络、业务、信息服务国家标准，建立科学完善的技术标准体系。加快推进自主知识产权技术标准的国际化。在标准的制定过程中，优先保障网络信息安全和文化安全。

五、政策措施

（一）加强组织领导。成立由国务院领导同志牵头，中央宣传部、中央外宣办、发展改革委、科技部、工业和信息化部、公安部、财政部、国资委、质检总局、广电总局等部门参加的工作协调小组，负责研究、协调和解决三网融合涉及的重大问题，加强对试点工作的领导，做好网络建设发展的统筹规划，推进三网统合工作顺利进行。在工作协调小组下组建三网融合专家小组，为三网融合提供决策咨询。

（二）加强政策扶持。组织实施重大科技和产业化专项，制定相关产业政策，扶持三网融合共性技术、关键技术、基础技术和关键软硬件的研发和产业化。积极引导三网融合与信息化工程建设和相关行业应用相结合，大力开发信息资源，鼓励内容产品创新和业务形态创新。对三网融合设计的产品开发、网络建设、业务应用及在农村地区的推广，符合有关法律法规规定的，给予金融、财政、税收等支持。将三网融合相关产品和业务纳入政府采购范围。加大资金投入，加强技术改造，加快网络等基础设施建设。

（三）完善法律体系。加快建立适应三网融合要求的法律体系。制定完善广电、电信行业管理法律法规，清理修订相关文件规定，为广电机构从事电信业务，电信企业从事广电业务提供法律保障。

（四）加快体制机制改革。积极探索建立适应三网融合要求的监管体制。进一步落实深化电信体制改革措施，加强电信监管能力建设，建立和完善适应三网融合的电信监管体制。加快有线电视网络整合和运营机构转企改制，培育建立有线电视网络全国统一运营的市场主体，建立和完善与三网融合相适应的广电监管体制。

（五）保障网络信息安全和文化安全。加强三网融合环境中网络信息安全和文化安全问题的研究，建立健全安全保障工作协调机制，完善安全保障体系，提高安全监管能力，有效维护网络信息安全和文化安全。

附录4 国务院办公厅关于印发三网融合推广方案的通知

国办发〔2015〕65号

各省、自治区、直辖市人民政府,国务院各部委、各直属机构:

《三网融合推广方案》已经国务院同意,现印发给你们,请认真贯彻落实。

推进三网融合是党中央、国务院作出的一项重大决策。近年来,各地区、各有关部门认真贯彻落实国务院关于推进三网融合总体方案和试点方案有关工作部署,试点阶段各项任务已基本完成。在总结试点经验的基础上,加快在全国全面推进三网融合,推动信息网络基础设施互联互通和资源共享,有利于促进消费升级、产业转型和民生改善。各地区、各有关部门要充分认识全面推进三网融合的重要意义,切实加强组织领导,落实工作责任,完善工作机制,扎实开展工作,确保完成推广阶段各项目标任务。国务院三网融合工作协调小组办公室要会同有关部门加强指导协调和跟踪督促,不断完善有关政策,及时解决推广工作中遇到的问题。各有关部门要进一步加强协调配合,形成合力,共同推进各项工作。

国务院办公厅
2015年8月25日

(此件公开发布)

三网融合推广方案

按照国务院关于推进三网融合有关部署,现就三网融合推广阶段工作提出如下方案:

一、工作目标

（一）三网融合全面推进。总结推广试点经验，将广电、电信业务双向进入扩大到全国范围，并实质性开展工作。

（二）网络承载和技术创新能力进一步提升。宽带通信网、下一代广播电视网和下一代互联网建设加快推进，自主创新技术研发和产业化取得突破性进展，掌握一批核心技术，产品和业务的创新能力明显增强。

（三）融合业务和网络产业加快发展。融合业务应用更加普及，网络信息资源、文化内容产品得到充分开发利用，适度竞争的网络产业格局基本形成。

（四）科学有效的监管体制机制基本建立。适应三网融合发展的有关法律法规基本健全，职责清晰、协调顺畅、决策科学、管理高效的新型监管体系基本形成。

（五）安全保障能力显著提高。在中央网络安全和信息化领导小组的领导下，网络信息安全和文化安全管理体系更加健全，技术管理能力显著提升，国家安全意识进一步增强。

（六）信息消费快速增长。丰富信息消费内容、产品和服务，活跃信息消费市场，拓展信息消费渠道，推动信息消费持续稳定增长。

二、主要任务

（一）在全国范围推动广电、电信业务双向进入。

1. 确定开展双向进入业务的地区。广电、电信业务双向进入分期分批扩大至全国。各省（区、市）三网融合工作协调小组（以下称省级协调小组）结合当地实际确定本省（区、市）开展双向进入业务的地区，报国务院三网融合工作协调小组办公室备案。（工业和信息化部、新闻出版广电总局负责）

2. 开展双向进入业务许可审批。在全面做好试点地区双向进入工作的基础上，按照"成熟一个、许可一个"的原则，开展双向进入许可申报和审批工作。广电企业在符合电信监管有关规定并满足相关安全条件的前提下，可经营增值电信业务、比照增值电信业务管理的基础电信业务、基于有线电视网的互联网接入业务、互联网数据传送增值业务、国内网络电话（IP电话）业务，中国广播电视网络有限公司还可基于全国有线电视网络开展固定网的基础电信业务和增值电信业务。符合条件的电信企业在有关部门的监管下，可从事除时政类节目之外的广播电视节目生产制作、互联网视听节目信号传输、转播时政类新闻视听节目服务、除广播电台电视台形态以外的公共互联网视听节目服务、交互式网络电视（IPTV）传输、手机电视分发服务。国家和省级电信、广电行业主管部门按照相关政策要求和业务审批权限，受理广电、电信企业的申请，同步向符合条件的企业颁发经营许可证。企业取得许可证后，即可依法开展相关业务。（工业和信息化部、新闻出版广电总局负责）

3. 加快推动IPTV集成播控平台与IPTV传输系统对接。在宣传部门的指导下，广播电视播出机构要切实加强和完善IPTV、手机电视集成播控平台建设和管理，负责节目的统一集成和播出监控以及电子节目指南（EPG）、用户端、计费、版权等的管理，其中用户端、计费管理由合作方协商确定，可采取合作方"双认证、双计费"的管理方式。IPTV全部内容由广播电视播出机构IPTV集成播控平台集成后，经一个接口统一提供给电信企业的IPTV传输系统。电信企业可提供节目和EPG条目，经广播电视播出机构审查后统一纳入集成播控平台的节目源和EPG。电信企业与广播电视播出机构应积极配合、平等协商，做好IPTV传输系统与IPTV集成播控平台的对接，对接双方应明确责任，保证节目内容的正常提供和传输。在确保播出安全的前提下，广播电视播出机构与电信企业可探索多种合资合作经营模式。（工业和信息化部、新闻出版广电总局等负责）

4. 加强行业监管。电信、广电行业主管部门要按照公开透明、公平公正的原则，加强对广电、电信企业的监督管理，规范企业经营行为，维护良好行业秩序。电信行业主管部门应按照电信监管有关政策法规要求，加强对经营电信业务企业的网络互联互通、服务质量、普遍服务、设备入网、网络信息安全等管理；广电行业主管部门应按照广播电视管理有关政策法规要求，加强对从事广播电视业务企业的业务规划、业务准入、运营监管、内容安全、节目播放、服务质量、公共服务、设备入网、互联互通等管理。工业和信息化部、新闻出版广电总局要督促已获得许可的地区全面落实双向进入，推动相关企业实际进入和正常经营，丰富播出内容，提高服务水平。电信和广电企业要相互合作，优势互补，推动双向进入业务快速发展。（工业和信息化部、新闻出版广电总局负责）

（二）加快宽带网络建设改造和统筹规划。

1. 加快下一代广播电视网建设。加快推动地面数字电视覆盖网和高清交互式电视网络设施建设，加快广播电视模数转换进程。采用超高速智能光纤传输交换和同轴电缆传输技术，加快下一代广播电视网建设。建设下一代广播电视宽带接入网，充分利用广播电视网海量下行宽带、室内多信息点分布的优势，满足不同用户接入带宽的需要。加快建设宽带网络骨干节点和数据中心，提升网络流量疏通能力，全面支持互联网协议第6版（IPv6）。加快建设融合业务平台，提高支持三网融合业务的能力。中国广播电视网络有限公司要加快全国有线电视网络互联互通平台建设，尽快实现全国一张网，带动各地有线电视网络技术水平和服务能力全面提升，引导有线电视网络走规模化、集约化、专业化发展道路。充分发挥有线电视网络的国家信息基础设施作用，促进有线电视三网融合业务创新，全面提升有线电视网络的服务品质和终端用户体验。（新闻出版广电总局牵头，中央宣传部、发展改革委、工业和信息化部、财政部等参加）

2. 加快推动电信宽带网络建设。实施"宽带中国"工程，加快光纤网络建设，全面提高网络技术水平和业务承载能力。城市新建区域以光纤到户模式为主建设光纤接入网，已建区域可采用多种方式加快"光进铜退"改造。扩大农村地区宽带网络覆盖范围，提高行政村通宽带、通光纤比例。加快互联网骨干节点升级，提升网络流量疏通能力，骨干网全面支持IPv6。加快业务应用平台建设，提高支持三网融合业务的能力。（工业和信息化部牵头，发展改革委、财政部、国资委等参加）

3. 加强网络统筹规划和共建共享。继续做好电信传输网和广播电视传输网建设升级改造的统筹规划，充分利用现有信息基础设施，创新共建共享合作模式，促进资源节约，推动实现网络资源的高效利用。加强农村地区网络资源共建共享，努力缩小"数字鸿沟"。（工业和信息化部、新闻出版广电总局牵头，发展改革委、财政部、国资委等参加）

（三）强化网络信息安全和文化安全监管。

1. 完善网络信息安全和文化安全管理体系。结合文化改革发展重大工程的实施，推进国家新媒体集成播控平台建设，探索三网融合下党管媒体的有效途径，健全相关管理体制和工作机制，确保播出内容和传输安全。完善互联网信息服务管理，重点加强对时政类新闻信息的管理，严格规范互联网信息内容采编播发管理，构筑清朗网络空间。（中央宣传部、网信办、新闻出版广电总局、公安部等负责）

按照属地化管理和谁主管谁负责、谁经营谁负责、谁审批谁监管、谁办网谁管网的原则，健全网络信息安全和文化安全保障工作协调机制。企业要按照国家信息安全等级保护制度和行业网络安全相关政策要求，完善网络信息安全防护管理制度和技术措施，建立工作机制，落实安全责任，制定应急预案，定期开展安全评测、风险评估和应急演练。建立事前防范、事中阻断、事后追溯的信息安全技术保障体系，落实接入（含互联网网站、手机、有线电视）用户实名登记、域名信息登记、内外网地址对应关系留存管理制度，为有关部门依法履行职责提供技术支持，增强三网融合下防黑客攻击、防信息篡改、防节目插播、防网络瘫痪等能力。加强三网融合新技术、新应用上线前的安全评估，及时消除重大安全隐患。（工业和信息化部、公安部、安全部、国资委、新闻出版广电总局、网信办等负责）

2. 加强技术管理系统建设。完善国家网络信息安全基础设施，提高隐患发现、监测预警和突发事件处置能力。按照同步规划、同步建设、同步运行的要求，统筹规划建设网络信息安全、文化安全技术管理系统，加快提升现有国家网络信息安全技术管理平台、广电信息网络视听节目监管系统、三网融合新闻信息监测管理系统的技术能力。加快地方网络信息安全技术管理平台建设，积极研究适应三网融合新技术、新业务的安全技术管理手段，加强相关技术研究，提高安全技术管理能力。（发展改革委、科技部、工业和信息化部、公安部、安全部、财政部、新闻出版广电总局、网信办等负责）

广电信息网络视听节目监管系统要进一步提高搜索发现能力，在节目集成播控、传输分发、用户接收等环节部署数据采集和监测系统，及时监测各类传输网络中视听节目播出情况，及时发现和查处违规视听节目和违法信息。（新闻出版广电总局牵头，工业和信息化部、公安部、安全部等参加）

3. 加强动态管理。强化日常监控，确保及时发现安全方面存在的新情况、新问题，采取措施妥善应对处理，及时、客观、准确报告网络安全重大事件。充分发挥国家三网融合安全评估小组的作用，对重大安全问题进行论证并协调解决。省级协调小组办公室下要成立安全评估小组，定期开展安全评估，协调解决安全问题。（中央宣传部、科技部、工业和信息化部、公安部、安全部、新闻出版广电总局、网信办等负责）

（四）切实推动相关产业发展。

1. 加快推进新兴业务发展。进一步探索把握新型业务的发展方向。鼓励广电、电信企业及其他内容服务、增值服务企业充分利用三网融合的有利条件，以宽带网络建设、内容业务创新推广、用户普及应用为重点，通过发展移动多媒体广播电视、IPTV、手机电视、有线电视网宽带服务以及其他融合性业务，带动关键设备、软件、系统的产业化，推动三网融合与相关行业应用相结合，催生新的经济增长点。（发展改革委、科技部、工业和信息化部、国资委、新闻出版广电总局、网信办等负责）

大力发展数字出版、互动新媒体、移动多媒体等新兴文化产业，促进动漫游戏、数字音乐、网络艺术品等数字文化内容的消费。加强数字文化内容产品和服务开发，建设数字内容生产、转换、加工、投送平台，鼓励各类网络文化企业生产提供弘扬主旋律、激发正能量、宣传社会主义核心价值观的信息内容产品。（中央宣传部、工业和信息化部、国资委、新闻出版广电总局、网信办等负责）

2. 促进三网融合关键信息技术产品研发制造。围绕光传输和光接入、下一代互联网、下一代广播电视网等重点领域，支持高端光电器件、基于有线电视网的接入技术和关键设备、IPTV和数字电视智能机顶盒、互联网电视及配套应用、操作系统、多屏互动技术、内容传送系统、信息安全系统等的研发和产业化。（发展改革委、科技部、工业和信息化部、公安部、安全部、国资委、新闻出版广电总局等负责）

加快更高速光纤接入、超高速大容量光传输和组网、新一代万维网等关键技术的研发创新，加强三网融合安全技术、产品及管控手段研究，加强自主知识产权布局和标准制定工作。支持电信、广电运营单位与相关产品制造企业通过定制、集中采购等方式开展合作，带动智能终端产品竞争力提升。（发展改革委、科技部、工业和信息化部、公安部、安全部、国资委、质检总局、新闻出版广电总局等负责）

3. 营造健康有序的市场环境。建立基础电信运营企业与广电企业、互联网企业、信息内容供应商等的合作竞争机制，规范企业经营行为和价格收费行为，加强资费监管，维护公平健康的市场环境。鼓励电信、广电企业及其他内容服务、增值服务企业加强协作配合，创新产业形态和市场推广模式，鼓励创建三网融合相关产业联盟，凝聚相关产业及上下游资源共同推动产业链成熟与发展，促进创新成果快速实现产业化。（发展改革委、工业和信息化部、国资委、新闻出版广电总局等负责）

4. 建立适应三网融合的标准体系。围绕三网融合产业发展和行业监管的需要，按照"急用先行、基础先立"的原则，加快制定适应三网融合要求的网络、业务、信息服务相关标准，优先制定网络信息安全和文化安全相关标准，尽快形成由国家标准、行业标准和企业标准组成的三网融合标准体系。企业开展相关业务应遵循统一标准，充分发挥标准在规范行业发展、保障市场秩序等方面的作用。（质检总局牵头，工业和信息化部、公安部、新闻出版广电总局、网信办等参加）

三、保障措施

（一）建立健全法律法规。推动制定完善电信、广电行业管理法律法规，积极推进电信法、广播电视传输保障法立法工作，清理或修订相关政策规定，为广电、电信业务双向进入提供法律保障。（工业和信息化部、新闻出版广电总局等负责）

（二）落实相关扶持政策。利用国家科技计划（专项、基金等）及相关产业发展专项等，支持三网融合共性关键技术、产品的研发和产业化，推动业态创新。将三网融合业务应用纳入现代服务业范畴，大力开发信息资源，积极创新内容产品和业务形态。完善电信普遍服务补偿机制，形成支持农村和中西部地区宽带网络发展的长效机制。对三网融合相关产品开发、网络建设、业务应用及在农村地区的推广给予政策支持。（中央宣传部、发展改革委、科技部、工业和信息化部、财政部、新闻出版广电总局、网信办等负责）

（三）提高信息网络基础设施建设保障水平。城乡规划建设应为电信网、广播电视网预留所需的管线通道及场地、机房、电力设施等，各类市政基础设施和公共服务场所应向电信网、广播电视网开放，并为网

络的建设维护提供通行便利。（各地政府，发展改革委、工业和信息化部、新闻出版广电总局、住房城乡建设部、交通运输部等负责）

（四）完善安全保障体系。研究加大资金落实等政策支持力度，加强工作能力建设，完善三网融合网络信息安全和文化安全保障体系。提高各省（区、市）有关行业主管部门安全管理能力，加快建立健全监管平台，有效维护网络信息安全和文化安全。（工业和信息化部、公安部、安全部、财政部、新闻出版广电总局、网信办等负责）

参考文献

中文文献：

艾伦·C. 艾萨克，1987，《政治学：范围与方法》，郑永年、胡谆、唐亮译，浙江人民出版社。

艾烨，2019，《公共政策执行公平性问题研究》，博士学位论文，中共中央党校。

柏拉图，2002，《柏拉图全集》第 1 卷，王晓朝译，人民出版社，2002。

蔡陈聪，2001，《腐败定义及其类型》，《中国青年政治学院学报》第 2 期。

蔡定剑，2005，《中国宪法司法化路径探索》，《法学研究》第 5 期。

蔡明哲，1987，《社会发展理论：人性与乡村发展取向》，台湾巨流图书公司。

曹俊汉，1990，《公共政策》，台湾三民书局。

曹现强，2007，《公共性的现代回归：从统治到治理——对治理理论的一点思考》，《山东社会科学》第 1 期。

曹英，2004，《制度性腐败：秦帝国忽亡的原因分析》，《江苏社会科学》第 2 期。

查尔斯·E. 林布隆，1988，《政策制定过程》，朱国斌译，华夏出版社。

常梦飞，2010，《限价房专供公务员是政策性腐败》，《检察日报》4月21日，第6版。

陈国权，2008，《社会转型与有限政府》，人民出版社。

陈琦，2020，《地方政府公共政策短期流变现象分析》，《安徽行政学院学报》第3期。

陈庆云，1996，《公共政策分析》，中国经济出版社。

陈潭，2002，《公共性：公共政策分析的一般范式》，《湖南师范大学社会科学学报》第4期。

陈小莹、吴晓鹏，2007，《律师"罕见地"公布郑筱萸案法律文书》，《21世纪经济报道》6月20日，第2版。

陈秀宁，2021，《公共政策中公民参与的价值探究》，《黑龙江人力资源和社会保障》第13期。

城仲模，1994，《行政法之一般法律原则》，台湾三民书局。

褚松燕，2012，《论公共精神》，《探索与争鸣》第1期。

褚松燕，2009，《我国公民参与的制度环境分析》，《上海行政学院学报》第1期。

戴维·伊斯顿，1999，《政治生活的系统分析》，王浦劬等译，华夏出版社。

道格拉斯·诺斯，1995，《制度变迁理论纲要》，《改革》第3期。

邓沛琦，2011，《我国城镇职工社会养老保险公共性流失及其防范》，《当代经济》第12期。

邓涛，2011，《三网融合：开启电视"被数字化"的新篇章》，《现代视听》第5期。

《邓小平文选》第3卷，1993，人民出版社。

邓炘炘，2006，《动力与困窘：中国广播体制改革研究》，中国经济出版社。

丁渠，2014，《立法中的不正当部门利益治理：代议制民主的视角》，中国社会科学出版社。

定明捷，2013，《转型期政策执行治理结构选择的交易成本分析——以乡镇煤矿管制政策为例》，武汉大学出版社。

杜专家，2020，《将全面从严治党制度优势更好转化为腐败治理效能》，《唯实》第9期。

杜专家，2015，《西方"机构性腐败"研究述评》，《国外理论动态》第1期。

杜专家，2017，《中国特色腐败治理体系构成要素探微》，《中国地质大学学报》（社会科学版）第2期。

杜专家、倪咸林，2015，《特殊利益集团对政治系统的影响路径分析》，《天津行政学院学报》第6期。

段元元，2018，《新公共管理理论下政府公共政策的公共性流失问题研究》，《当代旅游（高尔夫旅行）》第7期。

丰存斌、侯杰，2021，《现代治理背景下公共政策制定模式的变革》，《三晋基层治理》第5期。

冯尔康、常建华、朱凤瀚、阎爱民、刘敏，1994，《中国宗族社会》，浙江人民出版社，1994。

付翠莲，2009，《公共管理中公共性的缺失与回归》，《浙江海洋学院学报》（人文科学版）第1期。

付永涛、尹洁、张水娟，2008，《论政府利益与我国公共政策公共性的偏离》，《法制与社会》第18期。

古明明，2014，《理解与认知中国的准政府组织》，《中共浙江省委党校学报》第1期。

广播电视部政策研究室、《当代中国的广播电视》编辑部编，1984，《方向与实践——第十一次全国广播电视工作会议文件和典型材料选编》，中国广播电视出版社。

国家邮政局政策法规司编著，2008，《中国邮政业发展研究报告》，人民出版社。

过勇,2013,《当前我国腐败与反腐败的六个发展趋势》,《中国行政管理》第1期。

过勇、胡鞍钢,2003,《行政垄断、寻租与腐败——转型经济的腐败机理分析》,《经济社会体制比较》第2期。

哈贝马斯,1999,《公共领域的结构转型》,曹卫东等译,学林出版社。

哈耶克,2000,《法律、立法与自由》第1卷,邓正来等译,中国大百科全书出版社。

韩灵丽,2013,《中国财政预算"软约束"法律问题研究》,博士学位论文,中南大学。

何清涟,1998,《现代化的陷阱——当代中国的经济社会问题》,今日中国出版社。

何情、张腾、杨立华,2020,《政策执行偏差及其矫正——中国北方五地荒漠化防治案例》,《北京理工大学学报》(社会科学版)第5期。

何增科,2002,《反腐新路:转型期中国腐败问题研究》,中央编译出版社。

何增科,2014,《理解国家治理及其现代化》,《马克思主义与现实》第1期。

洪兴文,2012,《论行政自由裁量权的伦理规治》,博士学位论文,中南大学。

胡锦光,2006,《违宪审查与相关概念辨析》,《法学杂志》第4期。

黄滨,2007,《晚清时期制度性腐败对官员民本主义政德的消蚀》,《广州大学学报》(社会科学版)第4期。

霍布斯,1985,《利维坦》,黎思复、黎廷弼译,商务印书馆。

霍恩比，2002，《牛津高阶英汉汉英双解词典》，李北达译，商务印书馆。

贾英健，2009，《公共性视域——马克思哲学的当代阐释》，人民出版社。

江必新，2012，《行政程序正当性的司法审查》，《中国社会科学》第7期。

姜明安，2009，《行政裁量的软法规制》，《法学论坛》第4期。

金太军、张劲松，2002，《政府的自利性及其控制》，《江海学刊》第2期。

金雪涛、程静薇，2015，《三网融合与我国有线电视网络发展战略研究》，首都经济贸易大学出版社。

景跃进，2003，《行政民主：意义与局限——温岭"民主恳谈会"的启示》，《浙江社会科学》第1期。

景跃进，2011，《演化中的利益协调机制：挑战与前景》，《江苏行政学院学报》第4期。

瞿郑龙，2015，《当代中国法制的政治逻辑》，博士学位论文，吉林大学。

孔凡瑜，2018，《公共政策非公共性问题探析》，《学术交流》第8期。

郎朗，2011，《CNTV高调起诉苏、粤电信版权背后的三网融合之争》，《21世纪经济报道》8月3日，第20版。

雷玉琼、曾萌，2012，《制度性腐败成因及其破解——基于制度设计、制度变迁与制度约束》，《中国行政管理》第2期。

李春雷、刘冰莹，2014，《塔西佗陷阱效应与传媒对社会困难群体的引导策略研究——基于"什邡事件"的实证分析》，《现代传播》（中国传媒大学学报）第3期。

李东方，2010，《政府失灵的原因及其治理探析》，《昆明学院学报》第 1 期。

李莉，2015，《社会中心主义视角下的腐败治理——基于香港廉政公署年度报告（1974—2013）的解读》，《经济社会体制比较》第 5 期。

李莉、吴江，2016，《2015 年中国腐败研究热点分布——基于 CNKI 期刊文献的分析》，《广州大学学报》（社会科学版）第 4 期。

李丽，2010，《"串串"郭京毅和他的寻租利益链》，《经济观察报》6 月 7 日，第 26 版。

李琳、吴晓宇、李萧然，2010，《三网融合 两部委博弈内幕》，《IT 时代周刊》第 13 期。

李玲玲、梁疏影，2018，《公共利益：公共政策的逻辑起点》，《行政论坛》第 4 期。

李习彬、李亚，2002，《政府管理创新与系统思维》，北京大学出版社。

李彦甫，2019，《我国快递行业发展综合研究》，《物流工程与管理》第 3 期。

李志坚，2010，《中国电视公共服务的传输体系研究》，上海交通大学出版社。

梁新文，2008，《论公共政策制定过程中公共性的偏离与回归》，《成都行政学院学报》第 1 期。

梁芷铭，2010，《政策裁量、政策性腐败与信息公开》，《人民论坛》第 23 期。

林喆，2012，《腐败的制度化和制度性腐败》，《廉政瞭望》第 8 期。

刘伯龙、竺乾威主编，2009，《当代中国公共政策》，复旦大学出版社。

刘恩东，2008，《中美利益集团与政府决策的比较研究》，博士学位论文，中共中央党校。

刘国平，2006，《美国民主制度输出》，社会科学文献出版社。

刘丽霞，2013，《公共政策过程中集团决策的作用与影响研究：以利益集团为视角》，中国社会科学出版社。

刘蓉，2019，《协商民主视域下公共政策制定困境及其破解路径》，《广东省社会主义学院学报》第1期。

刘薇，2010，《公共政策公共性的流失与防治研究》，硕士学位论文，湖南大学。

刘燕，2014，《当代中国社会转型时期的价值重构》，人民出版社。

刘洋，2012，《俄罗斯民主化研究（1992年以来）》，黑龙江大学出版社。

刘祖云主编，2005，《社会转型解读》，武汉大学出版社。

鲁帆，2015，《三网融合产业链研究》，中国传媒大学出版社。

罗伯特·达尔，2003，《多头政体——参与和反对》，谭君久、刘惠荣译，商务印书馆。

罗斯科·庞德，1984，《通过法律的社会控制》，沈宗灵、董世忠译，商务印书馆。

吕世珩、鹿荫棠，1993，《邮政法简论》，人民邮电出版社。

马克思，2002，《1844年经济学哲学手稿》，人民出版社。

《马克思恩格斯全集》第30卷，1995，人民出版社。

《马克思恩格斯文集》第3卷，2009，人民出版社。

马克斯·韦伯，1986，《新教伦理与资本主义精神》，黄晓京、彭强译，四川人民出版社。

马子茜，2018，《分析公共管理视角下公共政策公共性流失问题》，《山西青年》第9期。

迈克尔·曼主编，1989，《国际社会学百科全书》，袁亚愚等译，四川人民出版社。

冒天启主笔，2000，《经济转型与社会发展》，湖北人民出版社。

孟德斯鸠，2008，《论法的精神》，彭盛译，当代世界出版社。

孟天广，2014，《转型期的中国政治信任：实证测量与全貌概览》，《华中师范大学学报》（人文社会科学版）第2期。

孟天广，2012，《转型期中国公众的分配公平感：结果公平与机会公平》，《社会》第6期。

孟子，1987，《孟子》，朱熹注，上海古籍出版社。

米格拉尼扬，安德兰尼克，2002，《俄罗斯现代化之路——为何如此曲折》，徐葵、张达楠译，新华出版社。

莫勇波主编，2013，《公共政策学》，格致出版社、上海人民出版社。

倪勇，2010，《解读新〈邮政法〉与邮政普遍服务》，硕士学位论文，华东政法大学。

潘洪其，2010，《如何防范"郭京毅式精英立法腐败"》，《共产党员》第7期。

庞井君主编，2013，《中国广播电影电视发展报告（2013）》，社会科学文献出版社。

彭波、张潇月，2014，《立法岂能部门化》，《人民日报》11月19日，第18版。

彭聪，2011，《我国经济适用房制度的公共性流失及防范》，《知识经济》第7期。

彭萍萍，2010，《欧盟利益集团与政策制定》，博士学位论文，中共中央党校。

钱颖一，2003，《现代经济学与中国经济改革》，中国人民大学出版社。

乔治·安德森，2009，《联邦制导论》，田飞龙译，中国法制出版社。

秦菊波，2010，《马克思主义视域下阿伦特公共性思想研究》，人民出版社。

任建明,2010,《不断提高我国防止利益冲突制度的科学化水平》,《理论视野》第9期。

任建明,2012,《"三公"经费问题及其治理》,《理论视野》第1期。

任剑涛,2016,《公共的政治哲学》,商务印书馆。

任剑涛,2011,《公共与公共性:一个概念辨析》,《马克思主义与现实》第6期。

任剑涛,2010,《国家治理的简约主义》,《开放时代》第7期。

塞缪尔·亨廷顿,1988,《变革社会中的政治秩序》,李盛平、杨玉生等译,华夏出版社。

商务部,2003,《关于印发〈商务部各司(厅、局)主要职能和内设机构〉的通知》,http://www.mofcom.gov.cn/aarticle/bh/200311/20031100144743.htm。

尚虎平、李景平、杜晓燕,2005,《解决"制度性腐败"的新途径——把平衡记分卡引入行政管理部门》,《上海行政学院学报》第2期。

邵道生,2000,《反腐新名词:"制度性腐败"》,《中国新闻周刊》第24期。

史卫民,2005,《积跬步以致千里——2000—2005年中国基层民主政治建设回顾》,《中国改革》第9期。

史卫民,2005,《决策民主化:构建和谐社会的必由之路》,《人民论坛》第2期。

司久贵,1998,《行政自由裁量权若干问题探讨》,《行政法学研究》第2期。

苏毓淞,2014,《美国、欧盟、中国与拉美双边经贸关系的比较研究》,《拉丁美洲研究》第3期。

苏毓淞、孟天广,2016,《社会组织参与国际气候变化谈判——基于北京市的调查实验》,《清华大学学报》(哲学社会科学版)第 4 期。

孙柏瑛,2002,《当代政府治理变革中的制度设计与选择》,《中国行政管理》第 2 期。

孙柏瑛,2009,《我国公民有序参与:语境、分歧与共识》,《中国人民大学学报》第 1 期。

孙国华主编,1997,《中华法学大辞典·法理学卷》,中国检察出版社。

孙立平,2014,《对市场转型实践过程的分析》,载周晓虹主编《中国社会与中国研究》,社会科学文献出版社。

孙哲主编,2012,《亚太战略变局与中美新型大国关系》,时事出版社。

谈火生,2007,《民主审议与政治合法性》,法律出版社。

谈火生,2016,《政府公共政策协商的国际经验与中国实践》,《中国党政干部论坛》第 4 期。

谈火生、霍伟岸、何包钢,2014,《协商民主的技术》,社会科学文献出版社。

汤敏轩,2010,《转型中国公共政策失灵研究:基于组织整合理论的系统分析》,西苑出版社。

田千山,2011,《公共政策公共性的偏离与回归——基于善治理论的视角》,《党政干部学刊》第 4 期。

佟玉华、马继东、徐琦,2009,《社会转型期政治发展与民主政治建设》,中国社会科学出版社。

涂文娟,2009,《政治及其公共性:阿伦特政治伦理研究》,中国社会科学出版社。

涂晓芳,2002,《政府利益对政府行为的影响》,《中国行政管理》第 10 期。

王春福,2014,《公共政策论:社会转型与政府公共政策》,北京大学出版社。

王春福，2008，《有限理性利益人与公共政策》，中国社会科学出版社。

王海明，2007，《论专制主义（中）——专制起源》，《吉首大学学报》（社会科学版）第 2 期。

王俊豪，2008，《中国垄断性产业现行管制机构的问题与制度缺损》，《财经问题研究》第 7 期。

王乐夫、陈干全，2003，《公共性：公共管理研究的基础与核心》，《社会科学》第 4 期。

王满船，2004，《公共政策制定：择优过程与机制》，中国经济出版社。

王名扬，2007，《英国行政法》，北京大学出版社。

王明杰、李晓月、王毅，2021，《西方学界公共性理论研究评述及展望》，《公共管理与政策评论》第 4 期。

王强，2007，《药监设租之祸》，《商务周刊》第 2 期。

王绍光，2006，《中国公共政策议程设置的模式》，《中国社会科学》第 5 期。

王绍光、樊鹏，2013，《中国式共识型决策："开门"与"磨合"》，中国人民大学出版社。

王维国、宋洪云、高艳萍，2008，《现代社会的公共性理念》，知识产权出版社。

王仰文，2011，《中国公共政策冲突实证研究——以城市管理行政执法领域为例》，中国社会科学出版社。

王永明、沈赤主编，2012，《规范行使行政裁量权实践与探索》，经济科学出版社。

温婷，2014，《互联网电视加减法》，《上海证券报》7 月 15 日。

吴高盛主编，2009，《公共利益的界定与法律规制研究》，中国民主法制出版社。

《习近平在十八届中央纪委二次全会上发表重要讲话强调 更加科学有效地防治腐败坚定不移把反腐倡廉建设引向深入》，2013，《党建》第2期。

肖菲，2010，《论立法腐败的法律规制》，硕士学位论文，东北大学。

肖黎明、侯列芹，2007，《邮政法一修八年为何"千呼万唤不出来"》，《法制日报》8月17日，第8版。

肖顺武，2010，《公共利益研究——一种分析范式及其在土地征收中的运用》，法律出版社。

谢明编著，2014，《公共政策概论》，中国人民大学出版社。

谢炜，2009，《中国公共政策执行过程中的利益关系研究》，学林出版社。

兴山县调查组，1991，《百县市经济社会调查：兴山卷》，中国大百科出版社。

休谟，1980，《人性论》，关文远译，商务印书馆。

徐庆利，2010，《论公共政策公共性的缺失——释析集团利益对公共政策制定的影响》，《大连海事大学学报》（社会科学版）第4期。

徐湘林，2004，《从政治发展理论到政策过程理论——中国政治改革研究的中层理论建构探讨》，《中国社会科学》第3期。

徐湘林，2002，《行政审批制度改革的体制制约与制度创新》，《国家行政学院学报》第6期。

徐彦山，2008，《转型时期俄罗斯行政改革研究》，博士学位论文，吉林大学。

徐勇编著，2006，《中国民营快递现状与发展趋势解析》，学林出版社。

徐裕人，2010，《政府"掌舵"能否避免公共性流失——基于"委托代理理论中线性契约签订"的分析》，《法制与社会》第9期。

许建明、刘伟平，2010，《制度性腐败的政治学》，《2010年（第十届）中国制度经济学年会论文集》。

亚当·斯密，1997，《道德情操论》，蒋自强等译，商务印书馆。

亚里士多德，2003，《尼各马可伦理学》，廖申白译，商务印书馆。

杨建国，2020，《论公共政策伦理困境及其应对策略》，《道德与文明》第5期。

杨艳，2002，《对自然垄断理论的评价与再认识》，《经济科学》第2期。

杨悦、武志昂、魏晶，2009，《"齐二药事件"中民事责任的法律思考》，《中国药房》第7期。

姚庆丰，2000，《论"社会失灵"——在政府失灵和市场失灵之外》，《河北学刊》第2期。

姚站军，2008，《探析现代政府公共服务的伦理走向》，《湖南工业大学学报》（社会科学版）第6期。

于俊如，2002，《以制度创新遏制制度性腐败》，《行政论坛》第6期。

于晓虹、李姿姿，2001，《当代中国社团官民二重性的制度分析——以北京市海淀区个私协会为个案》，《开放时代》第9期。

余少祥，2010，《什么是公共利益——西方法哲学中公共利益概念解析》，《江淮论坛》第2期。

余英时，1995，《中国思想传统的现代诠释》，江苏人民出版社。

俞可平，2012，《特权是一种制度性的腐败》，《中国司法》第12期。

袁明主编，2015，《美国文化与社会十五讲》，北京大学出版社。

袁同楠主编，2015，《中国广播电影电视发展报告（2015）》，社会科学文献出版社。

苑春荟、韩磊，2012，《三网融合的利益冲突、对应策略与关联体制催生》,《改革》第 4 期。

曾亮亮,2007,《佰易事件再次拷问 GMP 制度》,《经济参考报》1 月 29 日,第 5 版。

詹姆斯·E. 安德森,2009,《公共政策制定》,谢明等译,中国人民大学出版社。

詹姆斯·M. 布坎南,1988,《自由、市场和国家:20 世纪 80 年代的政治经济学》,吴良健等译,北京经济学院出版社。

詹中原,2006,《公共政策问题建构过程中的公共性研究》,《公共管理学报》第 4 期。

张超,2013,《中国城市社区党建研究述评》,《中共杭州市委党校学报》第 4 期。

张国骥,2009,《论清嘉庆道光时期的制度性腐败》,《湖南师范大学社会科学学报》第 3 期。

张红凤主编,2013,《公共政策导论》,上海财经大学出版社。

张慧君,2006,《转型进程中的国家治理模式重构:比较制度分析——以中欧和俄罗斯为例》,《俄罗斯研究》第 2 期。

张连富,2000,《应当重视对政策性腐败的认识》,《理论与改革》第 5 期。

张宁,2007,《中国转型时期政府形象的媒介再现》,博士学位论文,复旦大学。

张千帆,2005,《"公共利益"是什么?——社会功利主义的定义及其宪法上的局限性》,《法学论坛》第 1 期。

张婷,2011,《住房保障领域的公共性流失及其治理》,《群文天地》第 6 期。

张小劲,2015,《治理视域下基层民主协商制度化的路径与措施》,《中国民政》第 3 期。

张小劲、古明明,2014,《隐性膨胀:政府机构改革灰色地带》,

《人民论坛》第 8 期。

张小劲、李春峰，2012，《地方治理中新型社会组织的生成与意义——以 H 市平安协会为例》，《华中师范大学学报》（人文社会科学版）第 4 期。

张小劲、于晓虹，2012，《中国基层治理创新：宏观框架的考察与比较》，《江苏行政学院学报》第 5 期。

张雅勤，2011，《探索重塑公共行政公共性的路径》，《甘肃行政学院学报》第 1 期。

张扬，2005，《公共政策内涵新探》，《经济与社会发展》第 5 期。

赵宬斐、毕雨莹，2021，《公共政策合法性聚集机制：基于政策执行者行为逻辑分析》，《中共杭州市委党校学报》第 6 期。

赵德余，2006，《多重目标下的政策变迁与国有部门寻租的政治经济学——对 1998 年中国"粮改"经验的重估与发现》，《制度经济学研究》第 2 期。

赵德余，2010，《政策制定的逻辑：经验与解释》，上海人民出版社。

赵定东，2007，《俄罗斯社会转型模式研究》，人民出版社。

赵杰，2009，《〈邮政法〉修订留下重大死角》，《南风窗》第 10 期。

赵立波，1997，《论腐败的类型与根源》，《理论学刊》第 1 期。

郑娟娟，2011，《论立法寻租现象的法律规制》，硕士学位论文，南京师范大学。

中华人民共和国工业和信息化部办公厅编，2014，《中国电信业发展指导（2014）》，人民邮电出版社。

周辅成编，1966，《从文艺复兴到十九世纪资产阶级哲学家、政治思想家有关人道主义人性论言论选辑》，商务印书馆。

周五香，2013，《论廉政及其公共性》，博士学位论文，中南大学。

周鑫，2010，《十年磨一剑——〈中华人民共和国邮政法〉修订历程》，《法治与社会》第9期。

朱德米，2014，《公共政策制定与公民参与研究》，同济大学出版社。

庄德水，2010，《利益冲突：一个廉政问题的分析框架》，《上海行政学院学报》第5期。

E. R. 克鲁斯克，B. M. 杰克逊，1992，《公共政策词典》，唐理斌等译，上海远东出版社。

英文文献：

Andreev, S. A. 2008. "Corruption, Legitimacy and the Quality of Democracy in Central and Eastern Europe and Latin America," *Review of Sociology* 14(2): 93 −115.

Arendt, H. 2013. *The Human Condition,* Chicago: University of Chicago Press.

Armentano, D. T. 1986. *Antitrust: The Case for Repeal,* Washington DC: Cato Institute.

Barr, A., Serra, D. 2008. "Culture and Corruption," *Annals of the University of Oradea Economic Science* 4(1): 410 −415.

Bellah, R. N. 1992. *The Good Society,* New York: Vintage.

Bentley, A. F. 1908. *The Process of Government,* Chicago: The University of Chicago University.

Bian, Y., Logan, J. R. 1996. "Market Transition and the Persistence of Power: The Changing Stratification System in Urban China," *American Sociological Review* 61(5): 739 −758.

Blomkamp, E. 2018. "The Promise of Co-design for Public Policy," *Australian Journal of Public Administration* 77(4): 729 −743.

Blundo, G., de-Sardan, J. P. O., Arifari, N. B., et al. 2008. *Everyday Corruption and the State: Citizens and Public Officials in Africa*, London: Bloomsbury Publishing.

Blundo, G. 2006. "Dealing with the Local State: The Informal Privatization of Street-level Bureaucracies in Senegal, "*Development and Change* 37(4).

Cabestan, J. P., Black, M. 2004. "Is China Moving Towards 'Enlightened' but Plutocratic Authoritarianism?" *China Perspectives* (55): 21 -28.

Cairney, P. 2019. *Understanding Public Policy: Theories and Issues*, London: Bloomsbury Publishing.

Chang, E. C. C., Chu, Y. 2006. "Corruption and Trust: Exceptionalism in Asian Democracies?" *Journal of Politics* 68(2): 259 -271.

Christian, H., Charap, J. 1999. Institutionalized Corruption and the Kleptocratic state(IMF Working Paper).

Datta-Chaudhuri, M. 1990. "Market Failure and Government Gailure, " *The Journal of Economic Perspectives* 4(3): 25 -39.

Dror, Y. 1971. *Design for Policy Sciences*, New York: American Elsevier Publishing Company.

Dror, Y. 1983. *Public Policy Making Reexamined*, New Brunswick and London: Transaction Publishers.

Ely, R. T., Adams, T. S. 1908. *Outlines of Economics*, New York: Macmillan.

Fjelde, H., Hegre, H. 2014. "Political Corruption and Institutional Stability, " *Studies in Comparative International Development* 49(3): 267 -299.

Franzese, J. R. J. 2002. "Electoral and Partisan Cycles in Economic Policies and Outcomes, "*Annual Review of Political Science* 5(1): 369 -421.

Gaskill, M., Meldrum, T. 1972. *Comparative Political Corruption*, New Jersey: Prentice-Hall.

Gong, T. 2006. "Corruption and Local Governance: The Double Identity of Chinese Local Governments in Market Reform," *Pacific Review* 19(19): 85 -102.

Gong, T. 2008. "The Party Discipline Inspection in China: Its Evolving Trajectory and Embedded Dilemmas," *Crime, Law and Social Change* 49(2): 139 -152.

Gong, T. 1994. *The Politics of Corruption in Contemporary China: An Analysis of Policy Outcomes*, Santa Barbara: Praeger Publishers.

Gorter, D. H., Tsur, Y. 1991. "Explaining Price Policy Bias in Agriculture: The Calculus of Support-maximizing Politicians," *American Journal of Agricultural Economics* 73(4): 1244 -1254.

Hamilton, A., Madison, J., Jay, J. 2008. *The Federalist Papers*, Oxford: Oxford University Press.

Harold, L. 1958. *Politics: Who Gets What, When, How,* Cleveland: Meridan Publishers.

Heidenheimer, A. J. 2002. "Perspectives on the Perception of Corruption," *Political Corruption: Concepts and Contexts* (3): 141 -154.

Hill, M., Varone, F. 2021. *The Public Policy Process*, New York: Routledge.

Hope, K. R. 1996. *Development in the Third World: From Policy Failure to Policy Reform*, New York: ME Sharpe.

Immergut, E. M. 2006. "Institutional Constraints on Policy," in *The Oxford Handbook of Public Policy*, edited by Goodin, R. E., Oxford: Oxford University Press.

John, P. 2018. *How Far to Nudge?: Assessing Behavioural Public Policy*, Glos: Edward Elgar Publishing.

Johnston, M. 2005. *Civil Society and Corruption: Mobilizing for Reform*,

Lanham: University Press of America.

Kang, D. C. 2002. *Crony Capitalism: Corruption and Development in South Korea and the Philippines,* Cambridge: Cambridge University Press.

Klitgaard, R. 1988. *Controlling Corruption,* Berkeley: University of California Press.

Knill, C., Tosun, J. 2020. *Public Policy: A New Introduction,* London: Bloomsbury Publishing.

Kraft, M. E., Furlong, S. R. 2019. *Public Policy: Politics, Analysis, and Alternatives,* New York: CQ Press.

Lasswell, H. D., Lerner, D., Fisher, H. H. 1951. *The Policy Sciences: Recent Developments in Scope and Method,* Stanford: Stanford University Press.

Lessig, L. 2013. "Forword: 'Institutional Corruption' Defined, "*Journal of Law Medicine & Ethics* 41(3): 553 −555.

Li, Ling. 2010. "Performing Bribery in China: Guanxi-Practice, Corruption with a Human Face, " *Journal of Contemporary China* 20(68): 1 −20.

Lieberthal, K., Lampton, D. M., eds. 1992. *Bureaucracy, Politics, and Decision Making in Post-Mao China,* Berkeley: University of California Press.

Lijphart, A. 1999. *Patterns of Democracy: Government Forms and Performance in Thirty-six Democracies,* New Heaven: Yale University Press.

Lipset, S. M. 1959. "Some Social Requisites of Democracy: Economic Development and Political Legitimacy, "*American Political Science Review* 53(1): 69 −105.

Lu, X. 2000. "Booty Socialism, Bureau-preneurs, and the State in Transition: Organizational Corruption in China, "*Comparative Politics* 32(3): 593 −608.

Lu, X. 2000. *Cadres and Corruption: The Organizational Involution of the Chinese Communist Party,* Stanford: Stanford University Press.

Lu, X. 1999. "From Rank-seeking to Rent-seeking: Changing Administrative Ethos and Corruption in Reform China," *Crime, Law and Social Change* 32(4): 347 -370.

Ma, S. K. 1989. "Reform Corruption: A Discussion on China's Current Development," *Pacific Affairs* 62(1): 40 -52.

Ma, S. K. 2008. "The Dual Nature of Anti-corruption Agencies in China," *Crime, Law and Social Change* 49(2): 153 -165.

Madison, J. 1788. "The Federalist No. 49," *The Federalist Papers*.

Manion, M. 2004. *Corruption by Design,* Cambridge: Harvard University Press.

Manion, M. 1996. "Corruption by Design: Bribery in Chinese Enterprise Licensing," *Journal of Law, Economics, and Organization* 12(1): 167 -195.

Marcuse, H. 2013. *One-dimensional Man: Studies in the Ideology of Advanced Industrial Society*, Routledge.

May, P. J. 1991. "Reconsidering Policy Design: Policies and Publics," *Journal of Public Policy* 11(2): 187 -206.

Merriam, C. E. 1922. "Political Research," *American Political Science Review* 16(2): 315 -321.

Mill, J. S. 1865. *Principles of Political Economy: With Some of Their Applications to Social Philosophy,* New York, London, Bombay: Longmans, Green.

Mucciaroni, G. 1992. "The Garbage can Model & the Study of Policy Making: A Critique," *Polity* 24(3): 459 -482.

Nathan, A. J. 2003. "Authoritarian Resilience," *Journal of Democracy* 14(1): 6 -17.

Nathan, A. J. 2015. "China's Challenge", *Journal of Democracy* 26(1): 156 -170.

Nathan, A. J. 2016. "The Puzzle of the Chinese Middle Class," *Journal of Democracy 27(2): 5 -19.

Nee, V. A. 1991. "Social Inequalities in Reforming State Socialism: between Redistribution and Markets in China, " *American Sociological Review* 56(3): 267 -282.

Nee, V. A. 1996. "The Emergence of a Market Society: Changing Mechanisms of Stratification in China, " *American Journal of Sociology* 101(4): 908 -949.

Nee, V. A. 1989. "Theory of Market Transition: from Redistribution to Markets in State Socialism, "*American Sociological Review* 54(5): 663 -681.

North, D. C. 1990. "A Transaction Cost Theory of Politics, " *Journal of Theoretical Politics* 2(4): 355 -367.

North, D. C. 1995. *The New Institutional Economics and Third World Development*, London, New Yor: Routledge.

Oi, J. C. 1989. "Market Reforms and Corruption in Rural China, " *Studies in Comparative Communism* 22(2): 221 -233.

Oksenberg, M. 2001. "China's Political System: Challenges of the Twenty-first Century, " *The China Journal*(45).

Olson, M. 2008. *The Rise and Decline of Nations*, New Haven: Yale University Press.

Olson, M. 2009. *The Logic of Collective Action*, Cambridge: Harvard University Press.

Perkins, D. 2015. "Understanding the Slowing Growth Rate of the People's Republic of China, "*Asian Development Review* 32(1): 1 -30.

Pressman, J. L. , Wildavsky, A. B. 1984. *Implementation: How Great Expectations in Washington are Dashed in Oakland,* Oakland: University of California Press.

Rose-Ackerman, S. 1999. "Corruption and Government: Causes, Consequences, and Reform,"*Social Science Electronic Publishing* 19(3): 488 −491.

Rose-Ackerman, S. 1996. "Democracy and 'Grand' Corruption,"*International Social Science Journal* 48(149): 365 −380.

Sabine, G. H., Thorson, T. L. 2018. *A History of Political Theory*, Oxford: Oxford and IBH Publishing.

Salter, M. S. 2010. "Lawful but Corrupt: Gaming and the Problem of Institutional Corruption in the Private Sector,"*Harvard Business School Research Paper*.

Schattschneider, E. E. 1960. *The Semisovereign People,* New York: Holt, Rinehart and Winston.

Scott, J. C. 1969. "Corruption, Machine Politics, and Political Change,"*American Political Science Review* 63(4): 1142 −1158.

Seligson, M. A. 2002. "The Impact of Corruption on Regime Legitimacy: A Comparative Study of Four Latin American Countries,"*Journal of Politics* 64(2): 408 −433.

Shirk, S. L. 1993. *The Political Logic of Economic Reform in China,* CA: University of California Press.

Smith, K. B., Larimer, C. W. 2018. *The Public Policy Theory Primer,* London, New York: Routledge.

Sousa, D. L. 2010. "Anti −corruption Agencies: between Empowerment and Irrelevance,"*Crime, Law and Social Change* 53(1): 5 −22.

Steidlmeier, P. 1999. "Gift Giving, Bribery and Corruption: Ethical Management of Business Relationships in China,"*Journal of Business Ethics* 20(2): 121 −132.

Stigler, G. J. 1971. "The Theory of Economic Regulation,"*The Bell Journal of Economics and Management Science* 2(1): 3 −21.

Sun, Y. 2004. *Corruption and Market in Contemporary China,* New York:

Cornell University Press.

Sun, Y. 2001. "The Politics of Conceptualizing Corruption in Reform China," *Crime, Law and Social Change* 35(3): 245-270.

Sung, H. E. 2004. "Democracy and Political Corruption: A Cross-national Comparison," *Crime Law & Social Change* 41(2): 179-193.

Thompson, D. F. 1995. *Ethics in Congress: From Individual to Institutional Corruption,* Washington, D. C.: Brookings Institution Press.

Thompson, D. F. 2013. "Two Concepts of Corruption," Edmond J. Safra Working Papers (16).

Truman, D. B. 1983. *The Governmental Process: Political Interests and Public Opinion,* Santa Barbara: Praeger.

Tullock, G. 2001. *Efficient Rent-Seeking: Chronicle of an Intellectual Quagmire,* Boston: Kluwer Academic Publishers.

Tullock, G. 1967. "The Welfare Costs of Tariffs, Monopolies, and Theft," *Economic Inquiry* 5(3): 224-232.

Tummers, L. 2019. "Public Policy and Behavior Change," *Public Administration Review* 79(6): 925-930.

Urinboyev, R., Svensson, M. 2013. "Corruption in a Culture of Money: Understanding Social Norms in Post-Soviet Uzbekistan," in *Social and Legal Norms: Towards a Socio-legal Understanding of Normativity,* edited by Baier M., London: Ashgate.

Wayne, S., Rein, T. 2005. "Corruption, Culture, and Communism," *International Review of Sociology* 15(1): 109-131.

Wedeman, A. 2005. "Anticorruption Campaigns and the Intensification of Corruption in China," *Journal of Contemporary China* 14(42): 93-116.

Wedeman, A. 1997. "Stealing from the Farmers: Institutional Corruption and the 1992 IOU Crisis," *China Quarterly* 152(152): 805-831.

Wederman, A. 2004. "The Intensification of Corruption in China," *The China Quarterly*, 180: 895 −921.

Wilson, W., Link, A. S., Davidson, J. W., et al. 1966. *The Papers of Woodrow Wilson*, Princeton, NJ: Princeton University Press.

Wolf, Jr. C. 1979. "A Theory of Nonmarket Failure: Framework for Implementation Analysis,"*The Journal of Law and Economics* 22(1): 107 −139.

图书在版编目（CIP）数据

转型期公共政策公共性流失及维护研究：基于类型比较分析/杜专家著.--北京：社会科学文献出版社，2022.12
　ISBN 978-7-5228-1042-3

　Ⅰ.①转… Ⅱ.①杜… Ⅲ.①公共政策-研究-中国 Ⅳ.①D63-31

中国版本图书馆 CIP 数据核字（2022）第 214125 号

转型期公共政策公共性流失及维护研究
基于类型比较分析

著　　者／杜专家
出 版 人／王利民
组稿编辑／路　红
责任编辑／丁阿丽
文稿编辑／陈　冲
责任印制／王京美

出　　版／社会科学文献出版社（010）59367194
　　　　　地址：北京市北三环中路甲29号院华龙大厦　邮编：100029
　　　　　网址：http://www.ssap.com.cn
发　　行／社会科学文献出版社（010）59367028
印　　装／三河市尚艺印装有限公司

规　　格／开　本：787mm×1092mm　1/16
　　　　　印　张：12.25　字　数：170千字
版　　次／2022年12月第1版　2022年12月第1次印刷
书　　号／ISBN 978-7-5228-1042-3
定　　价／98.00元

读者服务电话：4008918866

版权所有 翻印必究